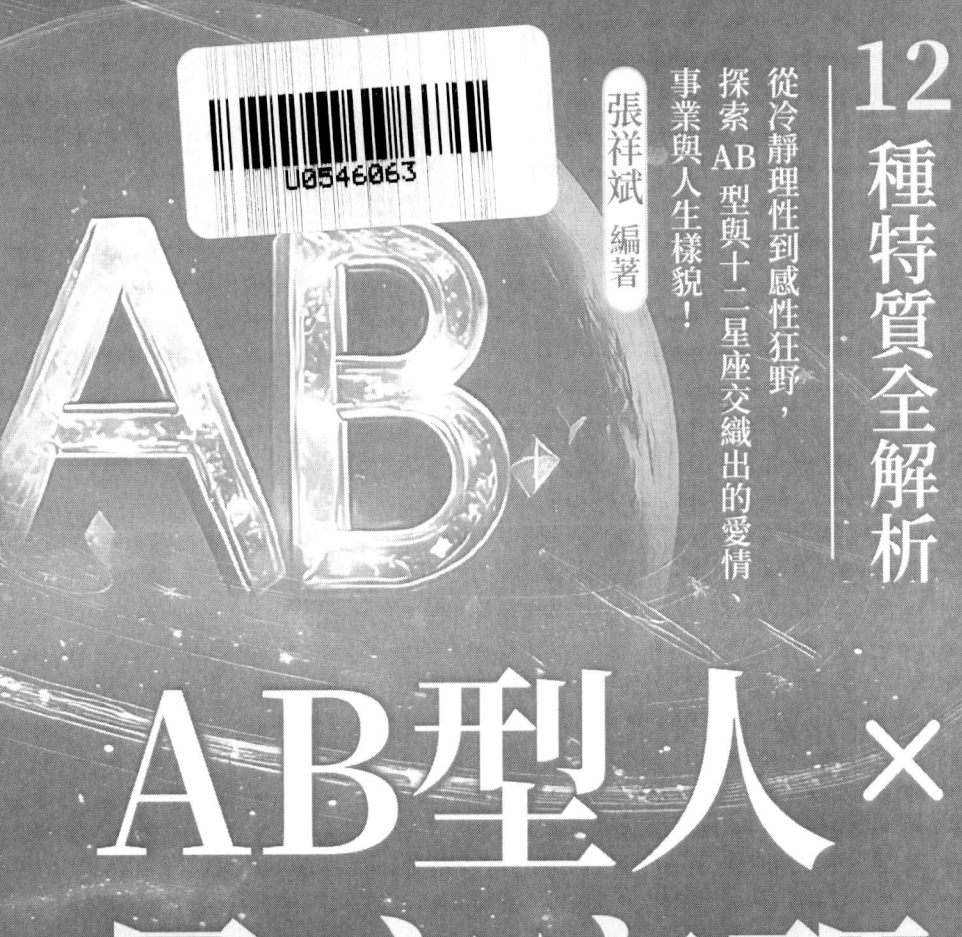

AB型人 × 星座密碼

12種特質全解析

從冷靜理性到感性狂野，探索AB型與十二星座交織出的愛情、事業與人生樣貌！

張祥斌 編著

關於愛情、友情、野心與孤獨
──那些AB型不願輕易說出口的內心話！

理性腦+感性心，矛盾共存的複雜靈魂，
拆解血型與星座交錯下的獨特人設與人生選擇，
看AB型如何在星座中詮釋自我角色！

目錄

前言

第一章　解密 AB 型的獨特密碼

010　第一節
　　　雙面性格的 AB 型：冷靜與感性的交鋒

026　第二節
　　　愛情泡泡糖：AB 型的戀愛劇本

044　第三節
　　　交際緩出牌：AB 型的人際策略學

054　第四節
　　　行為大師的職場攻略：AB 型的職場生存術

第二章　AB型×12星座全解析

068　第一節
　　　火象星座的AB型：
　　　熱情中的理性玩家（白羊、獅子、射手）

101　第二節
　　　風象星座的AB型：
　　　聰慧風格與自由靈魂（雙子、天秤、水瓶）

134　第三節
　　　水象星座的AB型：
　　　情感深流與感性邏輯（巨蟹、天蠍、雙魚）

166　第四節
　　　土象星座的AB型：
　　　穩重外表下的自我宇宙（金牛、處女、摩羯）

前言

　　人的血型是終身不變的，在身體裡流淌的血液，除了帶給我們生命與活力之外，也一定程度上決定了我們的性格和待人接物的觀念。

　　或許您認為，血型與性格沒有什麼直接必然的關係。但是當我們對血型深入研究並總結規律後，卻發現血型和基因一樣，決定著人的潛意識，影響著人的性格、人際交往、戀愛婚姻和職業取向的態度，而且血型對一個人性格的影響還是相當大的。

　　如果能夠確切地掌握自己血型的特性，合理地改善自己的性格、脾氣和待人接物的方式，就可以使自己的人際關係更加和諧，讓自己的職業成就更加顯著。

　　星座起源於四大文明古國之一的古巴比倫，占星師們從千百年的實踐與經驗之中找尋天體運動與人類旦夕禍福的關聯，總結出一套透過觀測實際的天體執行情況來預測人的命運的方法。占星學認為某時某地的天空與某個人是有連繫的，存在對應關係。星座和人因此是緊密相關的，這個人的命運是可以推算出來的。

前言

　　本書將現代科學對血型的研究與古老神祕的占星學結合在一起，全方位剖析血型與星座之間的關聯。旨在幫助讀者朋友全面而深入地了解自己和身邊人，把握人生機遇，了解命運起伏規律。以平和端正的心態、積極進取的行為邁開成功的腳步。

第一章
解密 AB 型的獨特密碼

第一章 解密 AB 型的獨特密碼

人類的血型最先出現的是 O 型，此血型屬於中性，具有突變性。在自然條件和外界生活條件的改變下，O 型人不得不向其他血型轉變，以適應多變的自然環境來調節自身的身體狀況。

在 1,000 或 1,200 年前，歷史遺跡中的血型研究，AB 型還不存在，因此它是最晚出現，也是最稀少的血型，在總人口中所占比例不到 5%。這類人擁有部分 A 型和部分 B 型的特徵，既複雜又多變，他們既適應動物蛋白也適應植物蛋白。AB 型是最現代的體質，先天的免疫機能較能適應多變的環境。

AB 型不是血型進化而來，而是由於出現了 B 型，從 A 型和 B 型的父母身上組合出來，是經過各種族的融合之後才出現。

AB 型是受外界影響較少的血型，僅次於 B 型。那些行為完全可以無視世俗觀念的人，多數出於 B 型。這點 AB 型人表面上似乎也有點相似，但由於體內 A 型因子的存在，AB 型不是真正的我行我素者。

一個人身上同時具有 A 型和 B 型兩種因子。如果它們一致的時候，人就自我到了一定的境界，也就是說專心到一定的境界，對外界的感受很弱，甚至突然斷絕。

這就足以解釋，為什麼 AB 型很聰明，容易出現理科天才。因為一個人的聰明與否，取決於他能夠達到的專心程度。

AB 型做事情的時候非常專心，因此最怕被打擾，最喜歡清靜，最享受寂寞，以至於人們認為他們對外界有點冷漠。但是，A 型的感性與 B 型的天真愛鬧，又使 AB 型不致於遠離人群。

第一章 解密 AB 型的獨特密碼

第一節
雙面性格的 AB 型：
冷靜與感性的交鋒

一、我和性格哥倆好，他好我也好

1. 優越感

　　AB 型很堅強、有自信，做事果斷、迅速，為人樂觀，是屬於行動型的人。在團體中常站在領導者的地位上，而且能將大家的意向當成自己的意向，尊重大夥的決定，並且將理想付諸行動。但在遇到挫折或失敗時，就會推卸責任，將失敗的因素歸咎在別人身上。只有在單獨和別人相處時，才會收斂自己的優越感，融洽的交談，並盡量將氣氛轉變得和諧。

2. 合理化

　　AB 型在行為舉止上較為特殊，這些說法都是經過合理仔細的分析、客觀的數據證實，AB 型的言語動作，不是不可思議，只是因為他們的言行和潮流緊密相隨，總是走在時

代的前端。因此無法被一般人所接受,但是對 AB 型而言,他們對事物的觀察和合理的接受,較一般人高,他們並不認為自己是異類。

3. 表現欲強

AB 型,在處理實務及待人接物方面,有一種出類拔萃的長處。同時富有個性、喜歡表現自己、好競爭。他們能在團體中將複雜的人際關係處理得很好,充分發揮其高度的手腕。AB 型的虛榮心很強,常對自己的能力評估過高,在某些行動上顯得誇張和虛浮。

但是,AB 型人顯得冷靜、慎重時較多,做事果斷而有彈性,不會令人覺得剛愎自用,而且處理事物有條不紊,使別人對其表現欲不會產生反感,反而認為這是他的優點。

4. 冷靜

AB 型對事物的處理,不會被感情左右,一切以公平、公正為原則。在遇到挫折時,表面上表現若無其事,但內心中,會不斷的反省,尋求解決問題的好辦法,用冷靜的態度解決棘手的問題。

AB 型人不會被感情支配,發現感情處理上有偏差時,能立即恢復冷靜、重新考慮,在不影響其目的之下完成,能以較客觀的態度去衡量得失輕重。

第一章　解密 AB 型的獨特密碼

5. 厭惡規則和權威

AB 型對於規則、規定等形式，不大容易接受，行為上也不拘小節，對別人的指正也不大理會，甚至產生強烈的反抗。

在剛開始做某件事情之前，AB 型會細心的調查、充分的準備，這並不表示他能尊重別人以往的經驗，而是希望用自己的方法嘗試和處理。

6. 天才型

AB 型做事幹練，反應靈敏，的確比其他血型的人優秀，做事時起步快，速度也快。但遺憾的是，其做事的成功率很低，因為他們無法貫徹始終，往往到最後關頭鬆懈下來，而且事情進行時一有偏差，就會與人妥協，意志不堅，持續性也不夠，這種性格上的矛盾和持續性的不足，正是致使其失敗的根源。

7. 矛盾

如果追根究柢的問：AB 型具有怎樣的性格？

答案只有一個：矛盾。

AB 型無法將其氣質和思想，做一個穩定的表達，讓別人直觀感覺就是雜亂，而且其本身也很難控制自己的情緒，因此經常顯得煩惱重重，這可以從 AB 型易怒、焦躁的不平

第一節　雙面性格的 AB 型：冷靜與感性的交鋒

衡傾向看出來。

AB 型擁有部分 A 型和 B 型的特徵，性格複雜多變，具有顯著的「不勉強自己」的傾向。當向既定目標努力追求一段時間後，發現收益不大時，就會馬上打退堂鼓。

因為兼具 A 型與 B 型的特質，所以做事很有計畫，但缺乏耐性，容易衝動，直覺敏銳。不喜歡墨守成規，性情多變，有時表現極端的個性。擅長待人接物，注重合理性，討厭口是心非的人，具有強烈的批判精神。

AB 型不講人情、不擅長談情說愛，男女關係在 AB 型看來是件極單純的事件，不會像其餘血型的人弄得那麼複雜。

AB 型待人接物有和睦的一面，同時也有喜歡說玩笑話譏諷別人的一面。AB 型的處世態度很正面，可是要他和別人融恰地相處，不觸犯任何人，那簡直是和禁止他的嗜好一樣難以接受。

二、生活習性啟示錄

AB 型最突出的 10 個特徵

1. 最矛盾最神經。

2. 最極端最精明。

3. 最奇怪，晴天撐傘雨天晒被。

第一章　解密 AB 型的獨特密碼

4. 最反覆無常，晴時多雲偶而陣雨。

5. 最沒決斷力。

6. 最容易發瘋。

7. 最不知道側睡時耳朵放哪裡。

8. 吃東西最不定時，最偏食。

9. 最喜歡喝「隨便」。

10. 最喜歡到處跑。

AB 型的處世態度：多數人童年時與成年後性格不一致。小時候特別怕生，與人接觸時，表面看似乎很平靜，心裡卻十分害怕生人或大人。可是，到了青少年時期，會一改常態，變得擅與人相處，而且能圓融地處理各種關係。AB 型因為過於自信，很容易自滿，老年時讓人感覺很傲慢。

然而，AB 型在心理上與人的距離感始終不變。即便是對親近的人，也保持一定的距離。這是 AB 型感情淡薄的根源。

儘管如此，AB 型仍屬熱心的人，辦事雖無 O 型那麼積極主動，但通常不會拒絕別人的請求。他們常常擔任某些團體的聯絡人，為那些於己無利的事奔走忙碌。

AB 型還有一個優點，那就是對人絕對公平，他們不會搞宗派主義，這點有別於 O 型。不順心時，特別會講玩笑話。

AB 型中愛交際的人雖不少，但他們共同的特點是嫌惡世俗人情。AB 型對人有強烈的好惡感，特別厭惡偽善和自

私的人。不過，他們不直接顯露這種情緒，對自己厭惡的人也能笑臉相迎。

可以說這是 AB 型的處世特技，AB 型不喜歡與人相爭，遇事不愛出頭，是天生的溫和主義者。

三、理財觀 —— 愛存錢

AB 型，都是屬於勤儉儲蓄型的人。對於理財投資，AB 型會比較主觀，也比較保守。以買股票為例，他們不見得相信業務人員的話，而是靠自己閱讀報章書籍的知識來分析投資方向，而且可能會收穫一筆令人訝異的財富數字。

即使再怎麼大規模消費，AB 型還是會留一筆預備金在身旁，當你聽到 AB 型哭窮時，說不定他還比你有錢呢！

如果你有一位 AB 型的朋友，你可能會覺得他什麼都要算的一清二楚，就連一同去麵攤吃麵，他也會分毫不差地付他該付的錢。不過，你可別認為他很計較，因為他們也不會占你的便宜。

只要看到喜歡的商品便不計代價立刻購買，很多東西還沒得到時朝思暮想，一旦得手後又喪失新鮮感。

對於金錢管理與運用毫無誤差，雖然擅長於經營企業，但並無雄心大略。

第一章　解密 AB 型的獨特密碼

AB 型男子的花錢習慣

AB 型男性對錢計算得很精，相當有金錢觀念，不過他們也不至於小氣，對朋友，他們仍會大方的請客，而且並不希望對方回請；同樣地，他們也不會耿耿於懷要去回報對方，即是說他們對禮尚往來的觀念很淡泊。所以，不了解他們的人，往往會產生誤會。

AB 型男性比女性較容易在衝動下購物，只要是喜歡的，不論是否具實質利益，都會一一買回來，不過基本上還是滿理智的，所以會有計劃的買，是屬於收集性的購物型態。

AB 型男性對東西的價值觀，往往取決於本身的興趣，只要是他們喜歡的，儘管別人將它視為一文不值，他們仍會如視如珍寶、小心收藏，這也算是 AB 型男性與眾不同的地方吧。

AB 型女子的花錢習慣

AB 型女性對世俗的欲望看得很淡，她們喜歡踏實的度過人生，不喜歡浮華奢靡的生活，所以她們會有計畫的花錢，不會奢侈浪費。

由於 AB 型女性花錢時都很謹慎小心。所以她們大多很會買東西，往往能買到物美價廉的東西。不過，她們花錢的方式有時也滿奇怪的，例如，她們可以買件名牌衣服，搭配路邊攤買的皮帶或皮鞋，這或許是她們喜歡的隨興生活方式吧！

四、男為知己者顧家，女為悅己者管家

(一) AB 型男子 —— 家庭責任男

AB 型男子熱愛家庭，願意為平安穩定、無憂無慮的家庭生活努力。在家庭管理方面大多具有較強能力，天生的理性主義者，有管理家庭經濟的能力，願同妻子合作。有時喜歡請人來家中做客，也有的雖願意交往，但不願請外人來家裡。

AB 型男子對妻子態度柔和，對子女管教較嚴。對妻子的交際活動能夠理解，但如果不經允許，事前不商量或事後不報備，則會為此大發雷霆。喜歡與妻子聊天，互相給予建議與幫助。但發現妻子不理解自己時，便不願答理。

AB 型男子雖然喜歡交際，但對親戚在義務上、禮節上的來往態度消極、嫌麻煩。

AB 型男子飲食方面講究類型豐富，要求很高。

AB 型男子生活型態上大多考慮得很簡單，如不向其說明嚴重性，即使發生問題也不在乎。甚至還有人向妻子誇耀。

AB 型男子有時流露出丈夫的嚴厲和威嚴，發生家庭糾紛時，往往強迫妻子妥協。一般在家裡強烈地表現自己的興趣和愛好。

(二) 破解 AB 型男子八項密碼

基本個性

AB 型男子認同社會性、社交性。希望在社會中和諧地與他人相處，避免和他人發生沒有意義的爭吵。同時，喜歡幫助別人，對於社會活動也很熱心。

面相

AB 型男子和 AB 型女子相同，臉型具有西方人的特徵，臉小而鼻子挺拔，屬於英俊瀟灑類型，讓女性有一種柔軟的感覺。

行為舉止

AB 型男子講道理，做事有訣竅。不會無理取鬧，同時頗得他人信賴，被認為是個彬彬有禮的人。

體型

AB 型男子雖然不是肌肉人的類型，但身體相當結實。大部分人皮膚都很白，看起來不太像典型的東方人。由於持久力不夠，必須特別注意健康。

行動

AB 型男子以整體觀念來衡量事物，行動很保守。由於態度過於嚴謹而缺乏趣味性。先思想再行動，屬於冷靜型的人。

流行傾向

AB型男子喜歡憑自己的喜好穿著衣物，討厭盲目地跟進，對於自己的選擇非常慎重。只要自己喜歡的款式，即使破爛不堪依舊愛不擇手。討厭鄭重其事的西裝，或正式場合穿的衣服。色彩上喜歡素色。

喜歡的場所

AB型男子只要和朋友在一起，每個地方都想去，尤其最喜歡開放、熱鬧的地方，同時也喜歡氣氛明亮、富有都市色彩的地方，尤其是和朋友一起玩樂時更是如此。

因環境而產生的變化

AB型男子自己主動選擇環境時，無論在何處都能和人和諧相處，但若被迫處於某種環境下，或進入大的組織機構中，就會缺乏興趣且有降低行動欲望降的傾向。

(三) AB型女子 —— 穩重可愛女

AB型女子能夠完全勝任家庭主婦這個位置，即便婚前在社會上十分活躍，婚後也能拋棄個人的理想和願望，安心做好家庭主婦。一般很少使家庭關係破裂。

AB型女子對孩子管教嚴格。能很好地完成自己分擔的家務，一般不願丈夫插手，體力活則不客氣地請丈夫幫忙。一般對室內布置有興趣。喜歡烹飪，並有較強能力。做飯的樣

第一章　解密 AB 型的獨特密碼

式漂亮別緻。會招待客人，對親戚有時較冷淡，不夠情義。

　　AB 型女子有時也夢想能有童話中描寫的甜蜜家庭生活，但實際上是理性主義者，管理家庭很少出錯。具有雙重性格，有時情緒穩定，有時比較任性，讓丈夫不知所措，人以多變之感，又頗具魅力，令人喜愛。

　　AB 型女子上了年紀，仍帶有孩子般的幼稚，喜歡濃妝豔抹和少女趣味，喜歡吃零食。晚年不依靠子女，但也受到丈夫和子女的關愛，並且喜歡服務社會。

　　AB 型女子對丈夫在生活型態上的輕浮，出於顧全大局而給予諒解，但是，會長期記恨在心。

　　AB 型女子願意聽丈夫談論工作的事，並且不受其情緒起伏的影響。但不會給予丈夫更多的幫助。

(四) 破解 AB 型女子八項密碼

基本個性

　　AB 型女子大多具有「超本能」的脾氣，極力避免和別人爭吵，是最容易相處的類型。能建立起理性的人際關係，但若受到壓力或強迫時則無法保持沉默而表現出批評的態度。

面相

　　AB 型女子全臉的輪廓具有西方人的特徵。換句話說，該種血型的人臉型小而雅致，眼睛和嘴巴顯得大些，大致而

言是眉清目秀型。由於臉型小,故讓人有冷靜的印象,表情上則讓人感覺不太友善。

行為舉止

AB型女子本來就具有理性的精神,行為舉止適中,聰明伶俐。但若是男性,則讓人有「很會做事」的印象;如果是女子,則動不動就讓人有「妄尊自大」的感覺。

體型

AB型女子有勻稱的體型,不胖也不瘦,若能稍微注意飲水的習慣,將可保持美好的體態。

行動

AB型女子是隨著思想指揮行動的類型。討厭和別人有感情上的糾紛,因此從一開始就非常注意周圍的狀況,並能做出恰當的相處方式,但相反的,有時會讓人有種好高騖遠的感覺。

流行傾向

AB型女子的衣物雖然不華麗,但在顏色的搭配很有眼光,是個會打扮的人。研究流行的趨勢,創造出自己獨特的風格,喜歡的服飾包括襯衫、裙子及外套……等款式。

第一章　解密 AB 型的獨特密碼

喜歡的場所

AB 型女子喜歡人多的地方，時常和不同環境的人社交，並希望加深彼此的友好程度。所以，若有舞會及聯誼活動時，只要時間允許會願意去認識更多朋友。

因環境而產生的變化

AB 型女子具有優越的社會性及社交性，無論處於何種環境都能逆來順受。但是與其在生存競爭激烈的環境中如雜草般漫無邊際地生長，倒不如找到一個自由自在的天地，發揮出自己的個性和能力。

五、成功路 —— 靠行動

AB 型的長處是思想敏銳、觀察仔細、熱心、認真、富於同情心和自我犧牲精神、擅於反省。性情急躁、反覆無常、憂鬱、愛發牢騷等是 AB 型的缺點。

儘管知識淵博，但僅能將一小部分付諸實行，這是 AB 型的缺點之一。特別是對意志和體力緊密相連的事物更是如此。他們明明知道全神貫注做某項事可以鍛鍊意志，但內心總在想「是嗎」而不去實行。

人們常說：「貴在堅持」。因此，韌性的培養也需較長的時間。只要能堅持下去，一定會達到預期效果。辛辛苦苦獲

第一節　雙面性格的 AB 型：冷靜與感性的交鋒

得的知識不充分發揮，就好像閒置寶物一樣。

AB 型的氣質特徵之一「理性」。他們依照自己有用沒用、有利沒利這一價值觀進行判斷。不太受常識、倫理、人情等約束。在做決定的時候，他們打開眼、耳、手、足，伸出靈敏度很高的「天線」，蒐集所有情報，進行仔細的準備，以確定行動方針。他們一經判斷就立即行動，很少在事後為結果好壞煩惱。AB 型注意，要充分利用具有的理性進行反省，以杜絕日後的失敗。果斷行動不猶豫，倘若失敗，只需誠懇地反省。因為後悔無法解決問題。

從另一方面看，AB 型的理性，又可以說是一種患得患失。將利害得失作為思考的基準大概是人之常情。但人世的關係奇妙、深奧。有些事僅靠理性、分析利害得失是無法理解的。光維護自己利益，人類就永遠不會強大起來。

AB 型有時也會表現出考慮過度、猶豫不決的一面。但他們一般在縝密思考後，能大膽、果斷地採取行動。因此，AB 型屬於有行動能力的，他們具有經得起客觀條件考驗的自信和優越感，在遇到具體的情況時，可以毅然果敢地採取行動。在緊急關頭，他們會使自己的實力得到充分發揮，甚至勝過平時的最好水準。

AB 型具有自我調節的能力，可以在生活的海洋中獨自航行。他們可以巧妙、機敏地在談天中獲得想索取的情報。

第一章　解密 AB 型的獨特密碼

對待老實人，他們可以真誠相待，對待詼諧的人，又可談笑風生。這一切並非做作，是他們能自如應付的血型所造成。

AB 型能透徹地分析利害得失，與人交往時根據利害關係逢場作戲，甚至在特殊情況下會說出違心的話，做出違心的事。因而，很容易被人說成表裡不一。我們期望 AB 型對人要始終如一。否則，無法和人交往甚深。結果會被人嫌棄、受到報應，這點必須時時警惕。

AB 型有時因為對周圍的人漠不關心、極力迴避讓自己添麻煩，以致失去別人的信任，陷入孤立的境地。要克制自己的意願，要和別人合作。這樣即使當時吃了虧，受了損失，但別人會為自己準備好日後發展的階梯。只靠利害得失權衡事物的 AB 型，會被他人看做勢利小人，而失去他人信任。

AB 型想要發揚自己的長處，必須以大局的利益作為行動準則，要有犧牲精神。所謂犧牲精神、同情心是指對弱者、不利於自己的事情所作出的犧牲和付出的同情，會使 AB 型更加完美。最終會為他們帶來大「利」，同時會使他們得到更高的評價。

達人點撥

性格雲霄飛車

AB型具有雙向性的氣質。即內向性氣質和外向性氣質兼而有之。這一點連他們自己也很難駕馭。在不能保持雙向性的狀態下,他們的缺點就會表現出來。

AB型的感受性較他人機敏,因而常會從一個極端走向另一個極端,為控制住自己,就要時刻注意,這樣精神會越來越緊張。

【給AB型的叮嚀】

AB型在培養自己的創造力時,最需要的是集中精力和毅力。

對於時而出現的緊張感,要學會釋放壓力,發自內心的大聲喊叫,將心中的煩悶發洩出來,也可泡泡溫水澡,用高級的香皂和洗髮精,對慢慢釐清心緒也很有效。

對於AB型而言,最重要的是真誠,保持真誠和善意對待身邊的人,即便是使用最普通的語言也會打動對方。

AB型還應獲得和他人感情上的共鳴,和他人共鳴的領域越寬,也就沒有苦悶,缺點也就自然消失。

第一章　解密 AB 型的獨特密碼

第二節
愛情泡泡糖：AB 型的戀愛劇本

一、愛情泡泡糖，不怕大

　　AB 型如燃燒絢麗的愛情之火，這種愛往往帶有戲劇的感覺。但有點過於戲劇化了，甚至給予人「有意栽花」之感。那並非他們矯柔造作，而是其自身嚮往追求這種愛。既有理性而又顯得冷酷無情的理性主義思想，又有想入非非陷入空想的特點，這是 AB 型氣質重要的雙重性。

　　在愛情方面，AB 型往往要把自己比作戀愛劇中的主角：悲劇式的，或者祕密相愛式的。在這種情況下，對方是什麼樣的人，對他們而言無關緊要，因為他（她）是自己虛構的戀愛劇的對方角色。

　　如果 AB 型的愛在現實中陷入難以進展的境地，AB 型的愛便會大放光彩，戀愛的悲劇式會演得淋漓盡致。AB 型的愛「戲劇式」越深，越缺乏現實感，這一點無可否認。

　　這種愛看起來如絢爛多彩的聖歌會，其實就跟極光一樣，是一種無燃燒源的光彩。正因為它是這樣的愛之火，所

第二節　愛情泡泡糖：AB型的戀愛劇本

以因傾心於對方外貌而起火的現象似乎很多。那倒未必是他們以貌取人，不過AB型不論男女，對異性外表的品頭論足還是不少。

不過，我們不能因此斷言這種絢爛多彩的愛，就是AB型愛的本質。在很多情況下，AB型的愛還是十分可靠的，即使有時如加調味料似的，出現戲劇情節……AB型經不起愛情挫折。

二、愛情泡泡龍，連對才會贏

AB型戀愛尋求保障的心情十分強烈。血型愛情特徵是：喜歡依賴對方，但不擅於使對方依賴自己。這與O型在兩方面都施展自如成對比。AB型的這種特性出自追求有保障之愛的心理。

(一) AB型人的戀愛奇緣

冷漠且乾脆的AB型即使覺得對方不錯，也絕不會把感覺說出來。表現的態度非常冷漠、好像漠不關心，其實當他仔細觀察你的行動時，就表示他對你有好感了。

AB型容易喜歡的女朋友

1. 有素養的女子。AB型男子容易對有素養的女生產生好感，也願意和這樣的人接觸。如果他在和這樣的女生打交

第一章　解密 AB 型的獨特密碼

道的過程中發現了更多的優點，他就會看上對方。

2. 條件相當，有一技之長的女生。AB 型男子在選女朋友之前，也會對自己進行一番衡量，看看什麼適合自己。如果經過考慮，你的條件與他相當，有一項很好的技能，能夠自食其力並且很出色，他就會優先考慮你。

3. 聰明，有智慧心地善良的女子，如果長得漂亮成功率就更高了。AB 型本身就比較有智慧，因此他們也不希望另一半太傻。而太聰明的人有時會出現心地不好的情況，這也是他們不願意看到的。所以如果一個女子聰明善良，他們也願意接受。

4. AB 型男子喜歡的對象是穿著講究、有品味、樸素典雅的女子，談論有關學術性、藝術性的話題。

AB 型女子容易喜歡的男朋友

1. 長相有氣質，談戀愛浪漫幽默，不讓自己有太大壓力的男子。通常，AB 型女子對外貌還是有一些要求，但關鍵是要有氣質，有浪漫幽默的個性，並且在感情上不讓她感到太大的壓力才可以。

2. 很有發展潛力的男子。如果說現實的 O 型看重的是「績優股」的話，那麼注重轉化的 AB 型則看重「潛力股」。如果一個男子的綜合特質很好又有專長的話，若他的才能和預期中的未來能夠得到 AB 型女子的肯定，那麼即使他的經濟

條件較差，AB 型女子也會喜歡他。

3. 收入穩定，孝順父母的男子。對父母很差的男子，AB 型女子是不會信任他的，如果收入也不穩定，AB 型女子根本不會考慮嫁給他。假如一個男生對自己的父母很好，家庭氣氛很溫馨，而且收入比較穩定的話，只要他不揮霍，AB 型女子也比較能接受他。

（二）AB 型他她戀

AB 型男子 —— 超理性酷哥型

超級理性 AB 型男子，對於愛情的處理態度也冷冰冰，他總是站在一個旁觀者的角度。所以為了愛沖昏頭、忘了自己是誰這種事，絕對不會發生在他身上。

就連告白時說的話也避重就輕，男性希望自己的生活伴侶是一個不會欺騙、背棄自己的忠貞可靠女子。

AB 型男子感性十足，是一個理想理論者。AB 型男子多少有點固執，過於保護自己，在不了解對方的時候，會把自己深深地隱藏起來，不會表達自己的真心。正因為這個原因，往往會讓人覺得 AB 型男子很虛偽。

和 AB 型男子接觸的時候，不要只看他的外表，還要探究他的內心，這樣才有機會和他成為朋友。AB 型男子沒有什麼野心，期望過一個平和的生活。

第一章　解密 AB 型的獨特密碼

AB 型女子 —— 充滿矛盾又特別自信

AB 型女子希望得到各方面強而有力（包括經濟）、心胸豁達的男子的保護，使自己有所依靠；因此，AB 型女子更顯出女性的溫柔而獲好評；而男性赫然闖入對方印象的粗獷形象，使一部分女性有美中不足之感，這在某種程度上有些自我矛盾。

不喜歡與人太親密，這也可以說是 AB 型女子的最大特徵。AB 型女子喜歡與一群知心好友閒聊，遠勝於二人如膠如漆地獨處。因此，即使是與男友的朋友相處，也能很快地與人打成一片。如果自己的男友能喜歡自己來往的朋友，將會使她覺得十分地高興。

喜歡在品味高尚的地方約會，很有自信，希望擁有一定的發揮空間。也就是說，和 AB 型女子在一起的時候，你同時要給予她一定的表現機會，不能老是獨占，如果能做到這一點，AB 型女子說不定就會認為你很有風度，進而喜歡你。

三、愛情泡泡，氣度見效

對 AB 型男子要誠心相待

AB 型男子相當重視外表，對於形象與心中期望者相差太大的，絕對不在考慮之內。AB 型男子誠心誠意，因此表明自己的可靠是很重要的。AB 型男子在戀愛中缺乏激情，

第二節　愛情泡泡糖：AB型的戀愛劇本

比較保守，因此與其強迫性地追求，不如製造一點遊戲氣氛更有效果。率直的愛情表現和若即若離的態度，是與AB型男子交往的祕訣。

AB型男子最討厭諾言，待人處事非常公正，而且很注意與周圍保持協調，特別討厭受到破格優待。公私分明，厭惡偽善。因此，再強調一次，對AB型男子一定要直爽地表達愛情。

AB型女子優雅理性

AB型女子是屬於理性且冷酷型的人，分析任何事情都不會過於感性，擁有超強的美學意識，因此不願意讓旁人看見自己不好的一面。

此外，AB型女孩十分懂得與人相處，總讓人覺得十分圓滑，因此旁人看不出其真正的情緒及個性。而且，因為很怕受傷害，因此常掩飾自己的感受。具有體貼旁人的服務精神，而且，一旦接受別人委託便不好意思拒絕。屬於十分浪漫、天真型的人，因此，有時會陷入幻想中，不切實際到所有人都無法理解的地步。

討好AB型戀愛男女

和AB型一旦成為戀人，應該懂得珍惜對方。AB型女子的乖巧柔弱，會令男子對她產生很強的保護欲。男子會給予AB型女子需要的安全感和踏實感，讓她感覺到自己是可以

第一章　解密 AB 型的獨特密碼

信賴的人。AB 型女子會全面且客觀地看待問題，可以幫助男友解開種種鑽牛角尖型的煩惱，所以在 AB 型女子身邊，會有一種特殊的安寧感和平靜感。

AB 型男子是比較被動型的人，所以他們的戀情一般都要醞釀徘徊很久才開始。不過一旦戀愛，相處起來會充滿情趣。AB 型男子有著 B 型男子的輕鬆感性又有 A 型男子的細心理性，舉止言談也溫柔體貼，會是非常貼心的男友。

妙計：在 AB 型女子有點情緒化的時候，男友應大方的給予她溫暖的關心和安慰；女子看到 AB 型男子對你的付出，要多給予肯定和表揚，他會很開心。

與 AB 型交往的小祕密

結識：只要你輕鬆地搭訕，就會得到回應，但不要表現輕佻。

交往：當 AB 型有心事或煩惱時，你要認真及真誠地提供意見。

親熱：不喜歡露骨的親熱方式。她們的心意搖擺不定，死纏爛打的方法會較有機會得手。

愛情：處女的心意，喜歡戀愛的感覺，但是戀人可能不止一人。小心情敵橫刀奪愛。

性愛：喜歡性愛，但不會說出來，興之所至就會半推半就。

情話：「他欺騙我的感情」明明是他拋棄情人，卻表現得是情變的受害人。

四、如果愛，冷熱愛

AB型具有的愛的特徵 —— 外冷內熱

AB型的愛情最豐富多彩，經常被身邊的人津津樂道。即使已經結婚幾年，他們的愛情故事依舊能讓人勾起回憶。

這倒不是他們刻意如此，而是AB型追求這種愛的方式 —— 愛的雙重性。

對現實的愛情不滿足，總是期待白馬王子和公主的浪漫劇情。在戀愛中愛得轟轟烈烈，也吵得驚天動地，甚至打得不可開交。很多時候由於現實條件，比如說，經濟上的原因，雙方父母的原因，致使愛情多以悲劇收場。

但是AB型覺得這樣的愛才是刻骨銘心的，他們不冷不熱的表面，極度渴望火辣辣的關懷。但偏偏會為這份感情新增點苦澀的佐料，這樣才有味道。

正如我們前面所提到的，AB型愛的「戲劇式」越深，越缺乏現實感，這無可否認。他們的內心很想澈底放開，把愛情之火給予對方，卻不甘心這麼早結束愛情長跑。只有在AB型感到累了或者被征服了，才會結束這場遊戲。

第一章 解密 AB 型的獨特密碼

只要堅持下去，AB 型的愛還是十分可靠，即使有時增加了小插曲，出現戲劇情節，這都是兩個人以後的甜美回憶，何樂而不為呢？

愛情妙計

AB 型談戀愛，要注意培養自己的獨立性；AB 型可以試試多坦率的和對方說出自己的想法，不用害怕被拒絕或爭論。多表現出你的愛，尤其要時常在一起聊天溝通，對 AB 型女子更要多多保護她、包容她。

詭祕的 AB 型

AB 型的婚外情，除了很少一部分對性慾有特別興致而陷於「玩樂派」外，不少 AB 型的婚外情主要表現在與第三者進行趣味性的遊玩上，並不一定以肉體關係為主。即使是以性慾為主的「玩樂派」，往往對家庭還是負有極大的責任。

捍衛愛情對策

AB 型好面子，如果出現婚外情，可以對他述說各種利害要素，尤其是 AB 型對離異、訴諸法庭的行為較為厭惡，及時的溝通往往能使其懸崖勒馬，改邪歸正。

AB 型對婚姻尋求保障的心情十分強烈，無論男女都重視忠誠，因此，忠誠是 AB 型婚姻最好的良策。

第二節　愛情泡泡糖：AB型的戀愛劇本

五、愛情泡泡，轉圈圈

AB1型（父親A型＋母親B型）性格
── 投入工作的熱情派

　　AB型原本具有冷靜的知性，再加上舉手投足間表現出冷漠的優雅感，更給予人「冷」的印象。但是AB1型由於受到較多B型母親的影響，與其他AB型不同，有較為熱情的一面。即便拋棄所有的事情，也要完成自己想做的事，否則將寢食難安。所以人們會覺得AB1型總是很投入地做某件事。AB1型自幼在重視理論的A型父親和直覺超群的B型母親身邊長大，對應性格差異出現的觀點衝突見怪不怪，成長為無論面對何種氣氛，都能遊刃有餘地對應的機靈鬼。

　　戀愛中希望擁有熱烈的愛情。B型母親對AB1型產生的影響更多地表現在戀愛方面。A型父親的溫和時常會使B型人感到煩悶。受到母親特質的影響，AB1型憧憬的是熾熱的愛情。一旦出現值得去愛的對象，AB1型從那一刻起就會發揮令人吃驚的熱愛冒險的特質。「人生只有一次」的想法更讓AB1型變得大膽。AB1型會為了愛情不顧一切，獻出自己的所有。有一見鍾情、祕密同居等舉動者很可能就是AB1型。但是，如此熾熱的感情說不定某一天會耗盡AB1型的能量，並產生疲倦感。AB1型和B1型異性可能會分享激情的愛。與O9型異性則擁有共同的人生目標，適合結婚。

第一章　解密 AB 型的獨特密碼

AB2 型（父親 A 型＋母親 AB 型）性格
── 性格縝密，愛打扮

　　AB2 型受到 AB 型母親的影響，感覺非常敏銳。擅於打扮自己，總能毫不猶豫地接受最新的流行服裝。不僅是外表新潮，思想也很進步，完全不顧周圍人的評價，穿戴和行動都大膽出格。忠告 AB2 型，追求過分的「時髦」只會使周圍人感到彆扭，甚至引起反感，所以應適可而止。對一般的 AB 型而言，如果被周圍的人孤立，會感到很沮喪和失落，但 AB2 型卻有所不同。因為 AB2 型有一位 A 型父親，他是非常有力的保護者。父親總會激勵 AB2 型，不要輕言放棄，想做什麼就堅持去做。整體來看，AB2 型的家庭不擅於社交，所以 AB2 型也不太喜歡喧鬧的氣氛，而是喜歡獨處。

　　戀愛則嚮往清新淡雅的愛情。性格謹慎的 AB 型母親，將把愛埋在心底的 A 型父親的心當作自己的港灣，在這樣的父母身邊長大的 AB2 型，認為愛情就應當是「寧靜的、舒適的」。所以希望對方能讓自己感到舒適，用善解人意的心來包容自己。激情四射的愛情對 AB2 型無異於是一種負擔，因此會敬而遠之，AB2 型也不憧憬浪漫的愛情或戲劇般曲折的情事。AB2 型希望對方能像自己的兄弟一樣，與自己平實清新地展開一段戀情。先保持一段距離，不知不覺間靠近並產生的愛情，是 AB2 型心中所嚮往的。由於受到父母強烈的道德觀念影響，AB2 型絕不會涉足危險的戀愛。對於缺乏主動

性的 AB2 型而言，在到達戀愛的最後一個階段——結婚之時，應當適當表現出一些積極性才好。

AB3 型（父親 B 型＋母親 A 型）性格
——感情豐富，親切溫和

AB 型雖然智慧，但由於有些冷漠，很難獲得周圍人的好感。但是 AB3 型由於受到 A 型母親的影響，擁有溫暖的感性，所以見到處於困境的人無法袖手旁觀。而且在團體中也非常重視整體的團結，所以與時常被視為利己主義者的 AB 型表現得截然不同。成年之後，AB3 型也會和讀書時的朋友們經常聯繫，分享彼此的友情。但是，A 型母親敏銳的性格，一定程度上使 AB3 型的悲觀性格得到強化。因此在計劃將來時，相較缺乏挑戰意識，傾向於選擇較安全穩妥的道路，避免競爭的壓力。AB3 型在金錢方面也非常嚴謹，屬於勤儉節約的類型。

雖然受到異性歡迎，但對戀愛卻抱有消極態度。讓我們先來看看 AB3 型父母的關係。A 型母親因為情緒化的 B 型父親時常受到傷害，感受煎熬的滋味。看著這種夫婦關係長大的 AB3 型，會不由自主地下定決心，絕不會接受男性主導的戀愛或婚姻。自然的，就會對戀愛本身產生消極的態度。雖然混合了 A 型和 B 型特質的人很有女人味，會受到男性的歡迎，但由於不願敞開自己的心扉，大多男性會知難而

退。AB3型之所以對婚姻猶豫不決，就是因為對婚姻是否幸福感到不安。因此，乾脆把結婚的事放一邊，全心投入工作。然而，事業固然重要，身為一個女人也應當有正常的私生活。

AB4型（父親B型＋母親AB型）性格
——不追隨團體行動的個人主義者

由於受到冷靜的AB型母親的影響，AB型原有的理智及個人主義特質在AB4型身上得到強化。AB4型渾身充滿智慧，不具備和誰都能親密來往的親切感。從父母的關係來看，AB型母親具有不太依賴B型父親的獨立性，所以AB4型內心也不將男性當回事。唸書時總是因為聰慧和優雅的氣質受到老師的寵愛，但和同學們卻關係一般。因為AB4型並不喜歡和同學們聚在一起玩耍。但是，和興趣相投的朋友，卻非常合得來。對AB4型而言，最好藉由各種興趣來擴展交際圈，和當中志同道合的朋友來往。相對於和眾多同事們聚在一起玩樂，AB4型更喜歡一對一的往來。

戀愛中對異性缺乏信賴感。AB4型的家庭大多由自尊心強的AB型母親掌握主導權。不願多事的B型父親總會迎合高高在上的母親的脾氣。在這種環境中長大的AB4型根本不將男性當回事。再加上AB4型的多才多藝，總是吸引眾多仰慕的男性，所以這種傾向更為明顯。冷酷無情地拒絕對方的

第二節　愛情泡泡糖：AB 型的戀愛劇本

態度，自然使 AB4 型的戀愛難成正果。AB4 型很容易在拒絕許多狂蜂浪蝶之後，隨隨便便地選擇一個不甚滿意的男性。對 AB4 型而言，要切記，男女是平等的，而且雙方都要有付出才會有收穫。如果不想因男性的追捧迷失方向，就必須確立自己心中的理想男性究竟是什麼類型。最適合的戀人是聰慧的個性派的 B6 型，最好的結婚對象是男女平等主義者的 A2 型。

AB5 型（父親 AB 型＋母親 A 型）性格
—— AB 型中少見的溫和性格

大多 AB 型都很冷漠，但 AB5 型受到 A 型母親的影響，擁有親切而溫暖的情感。能迅速判斷對方的情緒、迎合對方的心思，以及有正面鼓勵，陷入困境而一蹶不振者的溫暖胸襟，都是 AB5 型的優點。但這些無法掩蓋 AB5 型身上的 AB 型特質。一旦對方認為 AB5 型是親切的人，試圖進一步接近，AB5 型就會立刻關閉內心之門。和多數 AB 型一樣，AB5 型討厭任何人闖入自己的私生活。AB5 型要記住，周圍的人並不是敵人，應當進一步敞開心扉，拓展自己的人際關係。AB5 型勤儉節約，偶爾衝動性地購買後，必然會自我反省。

戀愛喜歡令人放心的可靠的男性。擁有很強母性的 A 型母親向來包容非常神經質的 AB 型父親，表現出理解的寬廣

胸懷。自幼看到這種父母關係的 AB5 型在潛意識中認為，男女關係中「總是女性吃虧」。AB5 型有時會和本來喜歡的人突然斷絕關係，拒絕進一步來往，就是出於上述原因。對 AB5 型而言，最好與具有服務意識、懂得主動照顧女性的男性交往。AB5 型在戀愛中也表現出不願改變，哪怕是生活方式，但是愛情和婚姻畢竟不是一個人的事，需要兩個人共同努力，所以必須要有忍讓的覺悟。最適合的伴侶是 B3 型的異性。

AB6 型（父親 AB 型＋母親 B 型）性格
—— 我行我素的個性派

AB 型通常被認為神經質。但 AB6 型受到 B 型母親的影響，具有很強的自由主義傾向。由於 AB 型父親和 B 型母親在教育子女的方面持有自由開放的態度，形成了 AB6 型自立的性格。強調個性的父母總會告訴孩子，想做什麼儘管去做，所以 AB6 型自幼便擁有培養多種才能的機會。AB6 型身上的 B 型特質總讓她得到「隨心所欲」的評價，而且因為任意地干涉他人的私生活，甚至會遭到辱罵。在人際關係中，需要稍稍克制。

小小年紀便開始戀愛，但較晚結婚。過高評價自己價值的 AB6 型，出於對自己的自信，會積極地戀愛。寬容的父親能充分地理解女兒的感覺，而且甘心為女兒答疑解惑。因

此，AB6型會早於同儕們經歷初戀，而且戀愛的次數也比較多。這種早熟的愛情多半是從友情慢慢發展。雖然開始戀愛的時間較早，但卻不會早婚。父母也不會催婚，所以AB6型能夠盡情地享受自己的自由生活。30歲左右如果能夠遇到彼此尊重的男性，會考慮婚姻大事。最適合的男性是B1型，而A12型和AB4和AB6型，在感覺上有很多的共同點。

AB7型（父親AB型＋母親AB型）性格
—— 時常享受少數派孤獨的類型

由於父母也是典型的AB型，所以AB7型表現出百分百的AB型的特質。在團體中，AB7型總能發現自己和周圍人的不同之處，如果將人分為多數派和少數派，那麼AB7型必然屬於少數派。AB7型彬彬有禮，幾乎沒有失誤，簡直可以成為他人的典範，可不知為什麼總是被他人孤立。也許，AB7型也很享受這種孤獨感。當AB7型陷入孤獨之中，特有的縝密感或敏銳的知性無法發揮作用，甚至有可能消失。雖然平時在人際關係中努力做到在表面上過得去，但總會在決定性的瞬間，任由自己固執下去，所以經常得到冷漠的評價。在人際關係中容易吃虧。

戀愛渴望能撫慰深刻孤獨的男性。AB型所期待的愛情是互相尊重又互相給予自由的愛。所以對可能束縛自己的生活和情緒的男性，不會有其他可能，只有斷然拒絕。所以，

第一章　解密 AB 型的獨特密碼

AB7 型極力避免愛情過於深入，步入互相干涉的階段。「如果只有在彼此需要的時候見面該有多好……」是 AB7 型常有的想法。另一方面，AB7 型還有著像孩子一樣，在男性面前撒嬌的渴望，這種渴望非常強烈。這是因為幼時在知性卻極其冷靜的父母膝下長大，沒有獲得過太多的寵愛，所以內心潛在著彌補的願望。然而，由於頭腦聰慧、外貌標緻，AB7 型看男性的眼光非常高，多數無法獲得夢想中的愛情。性格溫厚的 A9 型是最適合 AB7 型的伴侶。和 A6 型和 B12 型在一起，由於具有共同的興趣，會擁有一段浪漫的愛情。

達人點撥

愛情雙軌車

AB 型透露的愛情相處祕密

AB 型多數擅與人相處，而且能圓滑地處理各種關係。AB 型在戀愛上與戀人的距離感始終不變。

AB 型的愛情呈現優雅的姿態，他們是非常有趣、擅於製造新鮮感的戀人，AB 型內在個性中，有時也會顯現出搖擺一面，呈現出忽冷忽熱的一面。有時他們希望彼此保持一定的距離，有時他們又希望和戀人無間的黏在一起，令對方摸不著頭緒。但無論如何，他們是如此可愛的、機靈的、瀟

第二節　愛情泡泡糖：AB型的戀愛劇本

灑而富有魅力的,足以讓人們原諒他們的善變。

外在的表現可能只是身為朋友般的相處,適時的溫柔提供對方需要的幫助。所以在AB型中,會有很多段沒有實踐的美麗暗戀(即使同一時間其實對方也喜歡著他們)。AB型正式的戀情,一般都是由對方主動表白,如果正好是暗戀的對象是最好,如果不是,他們也會因為感動於追求者的溫柔而逐漸陷入戀情。

陷入愛情的AB型是熱誠的、忠實的,是典型的純情派,他們喜歡愛一個人的高貴、單純,不喜歡複雜的愛情關係。

但是如果追求遭拒或者感情上遭到背叛,對於自尊心特別強的他們打擊要大的許多,或者會是一生都不會忘記的挫折感。

第一章　解密 AB 型的獨特密碼

第三節
交際緩出牌：AB 型的人際策略學

一、人際交往，好牌選擇出

AB 型擁有兩面性，即他在團體中的一面和他個人自由自在的一面。

AB 型所表現出來的是能周到而又圓滑地與人相處，是一個很有彈性的人，能適應周圍的環境與人交往。

對任何人都能公平地對待，這是 AB 型的另一個特點。他不管對方職務高低，對誰都能保持一定的距離並與之相處。這點他對任何人都一樣。而且，在待人處事中與任何人都能相處得很好，可以說是八面玲瓏，這是 AB 型在社會上生存的有利條件。

AB 型對好壞區分的非常清楚，但他不會把這種情感表現在臉上，而是表現出溫和、公平的氣度，他討厭那種拉扯不清的人情世界。

另一方面，AB 型在私下很重視興趣，並對人表現出「自由自在模式」的態度。因此在私人交際上，只限於談話投機

的朋友,或有同樣興趣和嗜好的同伴。

他還有一個很強烈的個性,不希望因公事占去個人的時間。如果和 AB 型交往,只想局限於工作關係的話,那可說是再輕鬆不過了。

AB 型,對於背叛或矇騙等事情特別敏感,容易受到創傷,也容易記仇。而且是會對人含恨終身的。可是,他絕不露於表面,而是在內心策劃報復的行動。

二、交往心態 —— 耐心＋謹慎

AB 型的人際交往,除了某些特殊情況,一般都顯得較為平淡,有時較之 B 型更像朋友關係。B 型想與自己愛的人保持接觸關係的願望還是比較強烈。而 AB 型甚至對戀愛對象也喜歡以好朋友的關係相處,這種交往方式很多時候讓人感到不舒服。

在這樣的相處過程中,AB 型不斷觀察對方;其觀察目的是有別於 O 型。可能會庸俗地窺探對方經濟實力如何,或者觀察一下對方的隱私。

不過,觀察的主要內容還是對方的人品,是否表裡一致?將來會不會背棄自己?這類問題即使相處三五年也難以摸透,要懷疑的話是沒依據的,所以最後只得相信對方。理性主義化身的 AB 型處理問題不憑直覺,始終依賴自己的判

斷分析。

在說話的語調上，AB 型的言談非常富有理性和機智，而且使人百聽不厭。有時他的話語也會夾雜諷刺人的話，這也是 AB 型的另一個特點。但是，在正式場合上的發言，卻有時會一反過去口若懸河的語調，突然變成平淡的說法。

AB 型多數情況下，信奉沉默是金、謹言慎行這原則。因此，和他們交往要付出更更多的耐心和時間。

三、人際異常表現 —— 自我封閉

「機智的社交高手、知性的知識分子」就是 AB 型典型的寫照。但是由於 AB 型過強的防範意識，人際關係大多不夠圓融，有的人還將自己封閉在自己的小世界之中。

在爭論的時候，雖然 AB 型也會精采無比地辯論，但是，實際上他討厭爭鬥。不過，如果興趣和話題較為一致，又有較強的共鳴感，雙方交談起來就會十分投機。男女之間只要不涉及對方的私生活，把交談、相互啟發、共同議論作為交際的主要內容，也可以建立一段相互理解、相互鞭策的健康朋友關係。

總之，要和 AB 型交往，最重要的是不要做作，而要與之坦誠地交談，說謊和欺騙的行為絕對不能發生。

只要牢記並遵守這些事項，AB 型就不會在你面前自我

封閉，不再用勉強的表面態度來與你來往，會給予對方周到的關心，這樣一來就很容易與 AB 型交朋友了。

同為 AB 型的人在交際方面，相互都不感興趣。AB 型女子明顯討厭 AB 型男子，認為他們缺乏男子漢氣概。雙方都相互議論別人，相互挖苦、貶低、拆臺，因此，很難建立穩定的友誼或愛情關係。

四、解密緩出牌

AB 型的人生觀淡薄，生活安定時希望對社會有所貢獻，對生死的問題比較淡薄。AB 型的生活態度是喜歡理性的、有效的生活，與周圍人友好相處，私人生活比較隨便，有趣味性。

AB 型的行為特徵是反應快，工作效率比較高，也比較團結，但在家裡則情緒反覆無常。

AB 型的感情特徵是喜怒無常，有時冷靜穩定，有時任性；比較傷感、脆弱，經不起挫折。

AB 型在思緒判斷方面是理性主義者，對現實的分析和評論尖銳澈底；理解速度快，統計能力強，擅於從不同角度說明問題，但不夠深入，在重大問題上，有時會迷失方向。

AB 型工作努力，並且知道努力的重要，但從根本上看，有些缺乏耐性。

AB型金錢觀念嚴謹，資金管理使用的周到圓融，擅於經商但不貪財。

AB型衣著保守，但重視個性，特別在裝飾品方面，比較講究。

AB型食慾旺盛，愛吃加工後的食品、種類豐富的飯菜；女子則喜歡零食。往往睡眠不足，對身體影響較大，使工作能力減半；興奮時容易失眠。有時神經質的關心健康，有時則完全相反；不相信醫生，往往不知所措。

AB型對過去容易傷感，但不拘泥於過去和未來；面臨重大抉擇時，也往往不知所措。

五、人際交往指南針

AB型—A型 好壞搭檔

互相都會有良好的第一印象，並從此互相吸引。AB型人很容易和A型交朋友，但A型對其伸出的橄欖枝拿捏不及時，AB型則會感到失望並將不滿表達出來。

對於感情細膩又容易受傷的A型來講，理智又穩重的AB型是一個能安心與之往來的朋友。但是，笨拙又認真的A型有時也會嫉妒靈活、擅於交際、有穩重特質的AB型。在一起時總是感覺輸他一截，讓人有一種很難對付的感覺，所以有時也會漸漸地引起反感而失和。

第三節　交際緩出牌：AB 型的人際策略學

這一組合常見於相親相愛的夫婦和情侶；其次是朋友以及相處好的同伴關係。這組關係整體感覺是，他們似乎較難形成配合默契的工作關係。

AB 型對 A 型懷有愛或者尊敬的情感時，就會產生輔助 A 型的意念，這樣結成的關係是親密無間的。A 型較為內向，處事謹慎小心，不輕易因旁人的好話而動搖，可以說，能夠輔助 A 型的非 AB 型莫屬。在上下級關係中，A 型擔任上級是絕對的上策，因為 AB 型主事有過於嚴厲的缺點。

我們常可以看到這樣的現象：一些好操心的 A 型與熱心輔助的 AB 型搭檔後，在行動上會表現出從來沒有的輕鬆感。在交際應酬方面，「A 型— AB 型」尤為合拍，是一組配合默契的好搭檔。

辦事乾脆俐落的 AB 型對 A 型的熱愛和崇敬心理一旦消失，其輔助的熱情也會隨之消退。這時，雙方可能產生近似於憎恨的對立情緒。AB 型原本能夠忍著不滿配合 A 型工作；一旦發生齟齬，A 型往往會因無法理解自己的合作者而一籌莫展。

AB 型— B 型 集中度較高的關係

B 型和 AB 型，都屬於缺乏合作精神和凝聚力的類型。

AB 型在工作範圍內或一般應酬方面能很好地配合對方，有時顯示出非凡的團結本領。但是，在個人生活方面，他們

第一章　解密 AB 型的獨特密碼

還是按照自己的興趣和步調行事。AB 型若和 B 型組合，能成為很好的合作關係，無論在工作方面，還是友情方面都是融洽的，並能充分發揮輔助作用。

在日常交往中，AB 型常說，與 A 型接觸覺得很不自在，同 B 型相處心情十分舒暢。這是因為 AB 型在這兩種關係中所處的立場不同：前一種場合是輔助者；而後一種情況下是被輔助者。「B 型— AB 型」輔助關係的特點是以理性為中心，它與著重於感情方面的「O 型— A 型」形成對照，當然，這麼說不等於「B 型— AB 型」間完全沒有感情的交流。

AB 型總是從理性考慮問題，他們對社會上氾濫的不符合傳統或常識性不合理現象感到格格不入，並常為此苦惱。所以很多 AB 型總是悲觀地說：「我的想法說了也沒用，人家不會理解我的。」與此相反，B 型最不拘泥於形式、原則、常識、價值觀和固有的權威等東西，他們能耐心地傾聽並接受在 AB 型看起來有點偏執的想法。這對 AB 型而言，是理性上的大解放，同時，B 型那獨特的想法也為他們帶來新的刺激。B 型則感覺到，AB 型有很多觀點與自己相同，所以，就更談得攏了。相互理解的這一點上，B 型和 AB 型是最佳的組合。

B 型在與 AB 型相處過程中，感覺到 AB 型能理解自己，但是與自己有不同之處，他們為了適應社會或周圍環境而費盡心思，認為自己缺乏這一點，因而感到軟弱，B 型於是表

第三節　交際緩出牌：AB 型的人際策略學

現出少有輔助 AB 型的意念。

「B 型—AB 型」在友誼和工作等方面無可挑剔。但是在辦理對外事務的能力似乎弱一些。另外，正因為是彼此毫無隔閡的朋友，所以相處時間長了就會感到單調乏味，而尋求新的刺激，致使組合自然解體。

AB 型—AB 型 保持距離呵護友誼

無論你是哪一個國家、哪一個民族的人，AB 型都屬於少數，所以和 AB 型相處的機會也相對較少。在人際關係的發展中，同一血型的人，最容易建立良好關係。因為雙方了解彼此的性情，能讓對方有安全感，以及信賴感。同血型的人之間所具備的安全感，和膚色、語言、習慣並沒有絕對的關係。

AB 型，會因遇不到一個同血型的好朋友而感到難過，所以同是 AB 型一旦相遇，通常會很自然的彼此接近，關係也日益加深，但是長期相處下來，容易發現對方的優點和缺點。就像磁鐵同性相斥、異性相吸的道理一樣，雙方一旦發現對方身上的缺點，竟然和自己的缺點一樣時，感覺會相當不好，雙方關係愈是親密，會愈無法容忍彼此的缺點，最後終至再也無法忍受。

所以 AB 型與同血型的人往來時，請記住一個原則，即使感情再好，最好也保持一定的距離。

第一章　解密 AB 型的獨特密碼

AB 型─O 型 忍耐不長久

AB 型，總是笑臉迎人，想和每一個人好好相處。但是和這種人相處，難免會有眼中所見和真實情況不同的憂慮。AB 型對 O 型，即使建立美好的關係，也無法維持長久的情誼。原因在於 AB 型，無法忍受 O 型的忍耐性。

O 型在與 AB 型接觸時，第一印象通常很好，並積極地想和 AB 型親近，特別是一些令 O 型十分困擾的事情，到了 AB 型手上，往往能迎刃而解，他感到十分神奇。如果 O 型按著自己的意願，指揮 AB 型行動，無論 AB 型怎麼努力，再也不能如 O 型所希望的樣子得到結果。

為了完成彼此的協議和義務，AB 型經常跳脫 O 型的思考範圍，我行我素，無視於應該居於中心位置的 O 型的存在，結果 O 型因受到傷害而十分憤怒。而偏偏 AB 型又經常有金錢上的壓力，所以 AB 型在與 O 型相處的時候，AB 型人會不自覺地占了 O 型的便宜。導致 O 型在雙方關係緊張的時候，成為分開的導火線。不論在什麼情況下，AB 型都應留意 O 型的心情狀況，採用適當的方法和方式。

達人點撥

人際交往碰碰車

AB型的社交藝術

AB型屬於熱心人,工作中雖然沒有O型那麼積極主動,但一般不會拒絕別人的請求。他們常常擔任某些團體的聯繫人,為於己無利的事奔走忙碌。

AB型還有一個優點,那就是對人絕對公平,他們不會搞對立,這點是有別於O型的。不順心時,特別會講玩笑話。

AB型中愛交際的人雖不少,但他們共同的特別是嫌棄世俗人情。

AB型對人有強烈的好惡感,特別厭惡偽善和自私的人。不過,他們不直接表露自己的這種情緒,對自己所厭惡的人也能笑臉相迎。

可以說這是AB型的處世特技。AB型不喜歡與人相爭,遇事不愛出頭,是天生的溫和主義者。

第四節
行為大師的職場攻略：
AB 型的職場生存術

一、職場鍊金靠行為

整體而言，AB 型在職場中表現的適應能力強，尤其是此類型的女性群體，那些奔走於高階辦公室間的 AB 型白領，對現實的反應和接納絕對相當優秀。

因為血型的稀有，AB 型總是保持著神祕莫測的感覺，尤其是在業務領域或者是本職職位上的技能，始終領先同事們一大截。因此，會讓同事們覺得使用了哪些巧妙的方法？或者走了什麼捷徑？私下議論 AB 型和長官的關係。

實際上 AB 型是個對職場要求很嚴格的人，對於知識的深度很透徹的學習，更重視其廣度，對許多領域都有涉獵。在工作中為自己增加了進步的籌碼。

為了避免同事們的嫉妒心理，還是有必要偽裝一下，相對而言比較低調一些，心知肚明卻裝作不懂的樣子。明明喜歡，也要裝作不喜歡。看似沒這個必要，但是，在職場裡，

第四節　行為大師的職場攻略：AB型的職場生存術

他們的謊言或者示弱很容易被人當真，也為自己爭取一定的自由發展空間。

對職場的態度很嚴厲，認為工作中就要「能者上，庸者下」。這種嚴厲的工作方式，讓身邊的人感到很難投機取巧。對待錯誤絕對不能容忍，如果逆意而行，很可能會借勢發怒。

有躁鬱的表現、還有誇大妄想的現象、出現盲動，對失敗後的結果估計不足，最後放棄了初衷。

有的研究顯示，AB型的人缺乏致勝的欲望，雖然沒有乞丐，但也鮮有富翁。AB型擅於社交，有很強的服務精神，精於計算，對自己的要求很嚴格，所以很少失態。如果很少見地在大眾場合喝高，就會有很多人看熱鬧，而這也是很多同事想看到的。

二、擇業真經

AB型是職業多面手，專長多、能力強，精於調整、調和各類關係，有經營管理、分析設計和規劃能力，會推銷商品。適於政治、外交、經濟規劃、統計、設計、商業推銷、節目主持、相聲演員等。

AB1型（父親A型＋母親B型）
性格 投入地展開工作的熱情派

在專門領域中獲得成功。集中力強的人，最容易成功的

領域就是專門領域。如果全身心投入某項工作當中，反倒在日常瑣事上顯得極為笨拙，所以很難忍受普通的職場工作。適合從事設計師、工程師等行業，此外能發揮好奇心旺盛這一特長的作家、自由職業者等也是不錯的選擇。

AB2 型（父親 A 型＋母親 AB 型）
性格 性格縝密，愛打扮

在追求新鮮感覺的工作中發揮才能。喜愛新潮的事物，密切關注最新流行趨勢的 AB2 型，最厭倦平凡、毫無新鮮感的工作。AB 型原本就有先見之明，能本能地先於他人預測出流行的趨勢。所以適合廣告產業、設計產業、製作人、主持人等充滿變化的職業。如果在職場工作，難免引起許多人際關係上的麻煩。

AB3 型（父親 B 型＋母親 A 型）
性格 感情豐富，親切溫和

由於誠實受到極高的評價。因為很早就產生離開父母獨自生活的念頭，並追求穩定的生活，因此在選擇職業時也會非常重視永續性。緊跟流行卻壽命短暫的工作、不穩定的工作都不在 AB3 型的選擇之列。AB3 型適合從事誠實的公務員、社會福利業務等產業。由於人際關係很好，在職場工作也會結識許多好朋友。

AB4 型（父親 B 型＋母親 AB 型）
性格 不追隨團體行動的個人主義者

對他人的失誤，態度非常嚴厲。AB4 型既不是工作狂，也不甘當平凡的家庭主婦。AB4 型會在認真工作之餘，繼續發展興趣或堅持不懈地學習，生活得相當有品味。雖然並沒有在工作中取得成就的意願，但是為了保證維持優雅生活的經濟來源，不會放棄工作。AB4 型的理性適合在策劃或廣告領域工作。在研究性公司中擔任數據分析的職務也很適合。但是由於個人主義傾向明顯，在職場工作時很難獲得周圍人的好感。AB4 型應當努力更加溫和地對待後輩和同事。

AB5 型（父親 AB 型＋母親 A 型）
性格 AB 型中少見的溫和性格

從事安慰和激勵他人的工作。AB5 型是重視整體的團結和協調的類型，具有敏銳地洞察對方心思的能力。作為安慰和激勵他人的工作，可以從事教育家或諮詢師等職業。AB5 型雖然會獲得周圍人的好感，但由於不習慣敞開自己的內心，心裡堆積著許多壓力。可以邀請合得來的同事到家裡坐客，互訴衷腸，緩解內心的壓力。

AB6 型（父親 AB 型＋母親 B 型）
性格 我行我素的個性派

喜歡自己處理事物。AB6 型不僅具有強烈的個性和旺盛

的好奇心，而且思緒敏捷，所以具有成為白領的特質。編劇（作家）、雜誌編輯、創意提供者等職業是 AB6 型可以挑戰的領域。此外，還可以選擇根據自己的情況調節步驟緩急的工作。對最討厭受到干涉的 AB6 型而言，最適合的職業就是自由職業者。

AB7 型（父親 AB 型＋母親 AB 型）
性格 時常享受少數派的孤獨類型

公私分明的誠實派。AB7 型是認為「工作和私生活是井水不犯河水的兩回事」，屬於典型的職業類型。不論在什麼領域，都會做得一絲不苟，所以很容易獲得信任。特別是在處理或管理與數字相關的數據和資訊時，會表現出不凡的才能。相反，在需要耐心、競爭力、團隊合作精神的工作中，只會倍感壓力，難以取得好成績。

三、職場立足 —— 適度低調

AB 型的職場作風接近於 A 型，他們比較理智，職場生涯中靈活周到、遊刃有餘。AB 型擅於與人合作，重視工作氛圍，但他們也很矛盾，常常毫不留情地批判對方，並且由於比較固執，易於鑽牛角尖。

不過，AB 型較冷靜，不易為感情所左右，這足以解釋為什麼 AB 型選擇「人際關係複雜」作為評價不好工作的重要

標準,比例為 30.91%,即 AB 型比較重視工作氛圍,但因處事理智;故以人際關係不和諧而放棄工作的情況較 A 型少。

AB 型絕對不會自矜自持,具有謙卑的美德,無論何時都不會喪失和氣態度與謙虛之心。秉持著寬宏的度量、豐富的包容力,就像是大同世界的子民。由於無法控制內心的變化,理性的否定,感性的肯定,反反覆覆,使他們成為具有神祕魅力的人。

AB 型對待工作非常用心,不斷地提高工作技能,做到業務熟練,遊刃有餘,無論在哪一行都能很快出類拔萃。但是,也有一些職業不適合 AB 型,一般商業及部分競爭激烈的服務業並不適合他們。如果因為受到環境的限制,在毫無選擇餘地的情況下,躋身於跟別人競爭的工作裡,慎選工作夥伴是重要的先決條件,而且必須在起步之前便立定志向,學習不輕易妥協和絕不放棄的精神。

適合他們的工作大都和文化及社會服務有關,在這些行業中,沒有太多工作壓力,而且適合 AB 型的特質及靈思慧心的天份。

可以看出,對於 AB 型而言,良好的自我控制和團隊合作很重要,不要讓自己的光芒四射,導致他人的嫉妒,適當的笨動作會讓同事覺得你也很親切,從而降低你的職場風險。

四、解密 AB 型上司 —— 反感不同意見

因為同是 AB 型,所以對彼此個性的掌握不致於太過偏頗,若有機會,AB 型的你不妨多多針對工作內容,向上司表達自己的感想以及意見。如果你的意見能被對方所接受,則在溝通意見的領域上又更進一層,工作起來也會更加得心應手。

AB 型的上司,也最能掌握 AB 型的下屬,所以無可避免的,對 AB 型部屬要求會比較嚴苛,因為期望太高了,一旦遭遇挫折,或者所做不盡合人意,則很容易因失望而彼此疏遠,所以 AB 型的你,應將上司的期待,當作是一項殊榮,並努力地完成。

AB 型上司的管理風格

一、AB 型上司 —— **容易絕望**

他會事先下命令這該如何做、那該如何做,若眼見工作無法順利進行,他會突然改變做法,譬如說換人。為了打開自己的僵局,他寧可換掉陣前的大將作為籌碼。

二、AB 型上司 —— **會因爆發而失敗**

AB 型的主管在感情上會有劇烈的震盪。當他冷靜時,具有敏銳的直覺與講理的性情,並願意將你當作傾吐的對象。若一旦發怒,則全然變了個人似的,疑神疑鬼,並暴躁

到怒不可抑的情況發生。無端遭受到波及的屬下,只好束手無策地在一旁等待。

三、AB 型上司 —— 愛說考慮看看而有始無終

在「傾聽屬下的意見」這一點上,AB 型主管算是有名的。他會先說「難為你了」,可以考慮到如此周詳讓你高興一下,讓你感覺到人情味濃厚,並可相處融洽。其實他只是想穩固基礎,原因在於 AB 型擅於精打細算,由於公司的利益被他當作金科玉律般謹記在心,因此他不願輕易冒險。他認為不確實的企劃案便冷凍起來,讓等待著命令指示的屬下等得不耐煩。

四、AB 型上司 —— 重視共鳴

希望別人都在工作上配合著他,因此消除內部抵抗力是必需的。做起來不容易,但 AB 型仍會堅定不移地去實行。當他穩固毫無抵抗的一群人才後,便是個理想的應聲蟲集團。因此在工作上,他不再接納所謂的新觀念、新意見,他只需要旁人的附和共鳴而已。

五、職場合作自助餐

AB 型遇到 A 型

雙方都會有良好的第一印象並從此互相吸引,AB 型很容易和 A 型交朋友,但 A 型對其反映不及時,AB 型則會感

到失望並不易將心意表達出來。

AB型擁有部分A型和B型的特徵，性格比較複雜多變，他們做事有計畫，但沒有耐性，直覺敏銳，不喜歡墨守成規，性情多變，有時表現出極真的個性。

AB型的人理智又穩重，富有慈善的泛愛之心和寬闊胸懷，對感情細膩又容易受傷的A型來講，他們絕對是一類能放心往來的朋友，所以很容易得到A型真誠的友誼。

而做事穩重、思緒縝密，同時又敏銳多思的特徵表現在A型的身上，就是一種文雅端莊的性格特徵，這個特徵對AB型來講也有著莫大的魔力。這樣，AB型就很容易對A型產生一種近似崇拜的感情，心甘情願地將本身放在一個匡助者的位置。

AB型通常以A型為中心，幫助他面對生活中的一切工作。可是，AB型卻無法努力發揮本身的學問、能力或技術，甚至讓人有一種凡事倚賴A型的感覺。這使A型對AB型的能力感到十分失望，甚至不想和他繼續交往下去。

A型與AB型在職場打拚時，在心態上應保持平和，不要急於求成。A型應表現出真實、可靠的特質，理解對方的心情，在AB型需要安慰的時候能給予體貼的關懷，多和他們一起進行一些AB型感樂趣的活動，將會有豐富的收穫。

第四節　行為大師的職場攻略：AB 型的職場生存術

AB 型遇到 B 型

除了 B 型之外的其他血型，最能了解 B 型應該是 AB 型。當 O 型或 A 型對 B 型所做的事大感不悅，想口誅筆伐的時候，只有 AB 型，會報以一絲諒解的笑容。

AB 型總是城府很深，事情想得很多，忙碌的沒有空閒時間，所以在與 B 型交往的時候，會採用模糊處理的態度。昨天還很客氣，今天卻像個陌生人般的 AB 型的待人接物態度。對此，B 型會感到相當吃驚，如果兩個人已突破層層障礙，感情很親密的話，B 型可能會用比較和緩的態度，接納 AB 型的一切缺點。但是如果兩人的關係不深，則 B 型會對 AB 型一再重複的冷淡態度，感到十分不愉快，甚至產生厭惡感，終於兩人的關係，陷入覆水難收的局面。

當 B 型知道 AB 型做了某些不合理的事時，感覺會馬上轉壞，再也沒有堅持下去的傾向。

如果 AB 型想和 B 型在職場中保持長久而美好的關係，則 AB 型，不該用傷人自尊的態度與人往來，而應注意自己的態度。

在工作方面是無可挑剔的，但是在辦理對外事務的能力似乎弱一些。另外，正因為是彼此毫無隔閡的朋友，所以相處時間長了，就會感到單調乏味，而尋求新的刺激，致使組合自然解體。

AB 型遇到 AB 型

除了外表容貌、社會能力、個人技能等因素外,在待人方式、性格及個性等方面,雙方都抱有不屑一顧的態度。特別在男女關係,不少 AB 型明確表示不願與 AB 型交往。

日常生活方面的相互配合很難說是好的,但在職場中的配合卻有很大的共鳴。AB 型對興趣愛好、工作等知識性問題有著許多的共同語言,相互很談得攏,而且還常常相互忠告。

AB 型同伴在工作上能建立起極好的上下級關係。他們之間資訊暢通、配合默契。甚至在長時間不對話的情況下,也能確信對方在考慮同一個問題。堪稱富有理智和信任的關係。在企業或其他部門裡常可以看到這樣的上下級關係。

可是不管怎麼說,由於 AB 型之間缺乏特質上的和個人魅力的吸引因素,所以雖然有的機構裡 AB 型較多,但能自然地長久相處的 AB 型組合還是不常見。他們似有脆弱性,受到外部壓力和衝擊時較易散夥。

AB 型遇到 O 型

AB 型希望對方是一個強而有力的靠山,於是,富有人情味,對朋友最坦誠最可信賴的 O 型深得他們的青睞,被認為是最好相處的人。

第四節　行為大師的職場攻略：AB型的職場生存術

O型特別敬慕AB型，有時甚至有「美化昇華」對方的現象。在直性子的O型眼裡，AB型是完美無缺的：思路敏捷，擅於多面理解，是聰明才智的體現；正義感強、處事公平、不貪欲，這都是品格高尚的表現。

在AB型的兩面性中，他們只看到溫和沉靜方面，就認為是一個有修養的人。其實O型看到的只是AB型的一個方面，由於這些特點正是O型所欠缺的，所以他們對AB型往往帶有個人的崇敬與愛慕心情。

隨著相互認識、不斷加深的合作，雙方心目中的美好形象就會消失，於是「大失所望」；弄得不好可能引起尖銳的矛盾而導致關係破裂。

在工作和生活方面結成相互幫助的搭檔是最理想的。講究現實的O型和講原則的AB型若能同心合力，事業就會突飛猛進。因為考慮問題時，他們可以截長補短，從而把事情辦得更圓滿。他們可以從各個不同角度來考慮人際關係問題，兩人又都是多愁善感的人，所以對外是更加有力。

在興趣方面，O型有獨特的愛好，AB型的趣味是多樣化的，相輔相成的兩人就可能成為興趣廣泛的朋友，成為創造事業的最好夥伴。

總上所述，關鍵的一點是：在感情上雙方都不要陷入盲目性，這樣就可能成為好的性格匹配。

第一章　解密 AB 型的獨特密碼

達人點撥

職場旋轉木馬

AB 型的職場藝術

在工作職位上，雙方都重視合作，能夠密切配合，但團結意識不強，長期合作有發生嚴重對立和相互拆臺的危險。

AB 型表面看來溫順，能夠更為理智地保持表面的冷靜。AB 型可以和其他血型人保持良好的關係，雙方相識時雖然比較平靜，但能建立深厚密切的關係。

AB 型有時瞧不起過於拘泥的 A 型，A 型有時也厭惡難以理解的 AB 型，在這種情況下，雙方只有在感情上進行一般性接觸才能維持穩定的關係。

事實上，很多企業公司的老闆或創業者都多偏向於 AB 型。眾所周知，AB 型是極端的血型，因為 AB 型比較理性，因此，通常具備能冷靜判斷的特質。

AB 型在追求成功的過程，會比其他血型不屈不撓，而更容易接近成功，但缺點是遇到利害衝突時，往往表現得太冷酷，也有點不近人情。

AB 型在創業時，應該在人情世故方面多予加強，這種血型的創業家是屬於「冷靜型」的創業家。

第二章
AB型×12星座全解析

第一節
火象星座的 AB 型：
熱情中的理性玩家
（白羊、獅子、射手）

1、白羊座（Aries）

3月21日～4月19日

神話由來 ・ 象徵意義 —— 精力旺盛的白羊

菲利塞斯（Phrixus）乃奈波勒（Nepele）之子，蒙上玷汙碧雅蒂絲（Biadice）的不白之冤，而被判處死刑，臨刑之前一隻金色的公羊及時將他和妹妹海倫（Helle）一起揹走。不幸的是，妹妹因不勝顛簸，一時眼花落下羊背，菲利塞斯則安然獲救，他將公羊獻給宙斯當祭禮，宙斯將牠的形象化為天上的星座。後來傑生為了奪取這金羊的羊毛，還展開了一段精采的冒險故事。

白羊象徵著旺盛的精力，勇往直前的個性，擅用腦子，正面、活潑、直接喜歡新的事物。

白羊座解密 —— 婚姻特點、男女祕技

即使血型不同,所有白羊座的婚姻特點基本都是一樣的 —— 頂客式。

白羊希望婚姻中的每一天都可以保持著戀愛的溫度,而唯一的方法就是不讓第三者進駐,這樣才能充分的體驗二人世界的樂趣。

當孩子放聲大哭,原本浪漫的戀愛想像,也瞬間被拉回婚姻現實的重量,或者一不小心把人的母性激發,將精力都投入到孩子的身上,忽略了彼此,白羊是無法忍受的。白羊寧可不要溫情,也要拽著激情不放手。

白羊座的婚姻態度雖然大概一致,但是性別不同還是有些差異,誰是白羊男的誘惑星座?誰是白羊男的終身伴侶?

白羊男星座瓜葛 —— 假意真情

白羊男 vs 天蠍女 —— 假意

同為火星守護的天蠍座是與白羊座很合拍,天蠍女很樂意接納白羊男人的熱情,同樣也會以火辣的性感魅力回報他們。與天蠍女人過招,定會讓白羊男大呼過癮,其性感招數甚至會把白羊男腦袋沖昏。但是太致命的魅力會讓自我的白羊有危機感,所以更多願意與其享受雲雨之歡而不敢輕易娶回家。

第二章　AB型×12星座全解析

白羊男 vs 天秤女 —— 真情

單純的白羊男不會花太多心思去了解女人，玩感情遊戲，只要有足夠的魅力保持對他們的誘惑便可使他們甘願與之組成家庭享用後半生。而天秤女正是由於與白羊男相反的性格特徵，她們搖曳著不溫不火、不緊不慢的優雅步調，總是把白羊男的火苗煽著又熄滅，熄滅了再點燃，使得白羊男一生都想搞清楚這神祕的美人到底在想些什麼。於是願意下決心塑造自己成為頂天立地的好丈夫。

白羊女星座探祕 —— 增加魅力

我們身邊的白羊女因其女人的天性，行動果敢的性格，即使血型不同，但是表現出來的魅力和行為卻大致一樣，身為白羊女最值得期待的就是魅力無限，風采可人。

溫馨小提示，白羊女不要鋒芒太露噢，免得樹敵太多。

適合的相親對象：

1. 天秤座　因為他是很容易贏得白羊女的好感的星座，而且能使他絕對服從，而他也能將自己塑造得得溫情脈脈哦。

2. 射手座　同屬火象的射手座，會跟白羊女情意纏綿。而且緊迫的生活節奏同步。

3. 獅子座　獅子座的男性則特別有助於實現白羊女事業上和生活上的美好願望。

適合的相親裝扮：熱情火熱的白羊女最適宜粉嫩色彩的小洋裝，映襯出青春動人的氣息，戴頂帽子很討喜哦！

適合的相親地點：人聲鼎沸的美食街很配襯白羊女的氣質，而且也比較能飽口福，另一個好處是，如果不滿意相親對方的話，還可以迅速轉移注意力，不用太尷尬！

對白羊女的貼心小叮嚀：相親的時候要多意小細節，記得向你的對立星座天秤座學學她們優雅的處事風範，想必加分多多。

性格氣質 —— 天生領導者

AB型白羊座人大概從小就一直擔任班長，不然就是一群孩子的頭。因為他們天生就具有領袖的氣質，喜歡管理、指揮別人。

AB型白羊座人的性格中潛藏著冷靜、理智，他們像個拓荒者，努力向前邁進，不向環境妥協，對自己的人生具有責任感。在內心深處，他們的野心極大，對權利有著與生俱來的渴望，他們是冷靜與熱情兼具的野心家。

AB型白羊座人和許多人在一起時，AB型白羊座很自然地會成為眾人的中心。他們不僅因氣質出眾而吸引別人，還常因公正無私及擅長照顧別人而贏得不錯的聲望，也自然成為大家信賴的對象。

第二章　AB型×12星座全解析

他們有時很難接受別人的忠告，因為AB型白羊座人喜歡以領袖自居，在人群中被捧得很高，自有一套絕不服輸的哲學。因此在人際交往中，不可能去扮演一個服從者的角色。

對於任何勝過他們的人，或是自覺高高在上的人，AB型白羊座人一定不知不覺地想向他挑戰。

金錢財運 ── 節省不必要的開支是理財之道

AB型白羊座人的財運甚佳，原因是他們的理財觀念不錯，再加上擅於抓住賺錢的機會，所以，他們的生活水準都在一般水準以上，很少有窮困潦倒的情形。

AB型白羊座人不會為了金錢而終日辛苦奔波，也不可能日進斗金，財運總是能維持相當的平衡。如果想在中年以後有一筆可觀的財富養老，最穩當的方法是量入為出，不要隨便花用金錢。

要AB型白羊座人一分一毫辛苦的存錢是不太可能的事，因為吝嗇、不乾脆的作風有違你的本性，你喜歡在眾人面前裝闊、搶著付錢，交際應酬的開銷占支出中的一大半。

尤其AB型白羊座人是有強烈的購買欲，見到喜歡的東西會不惜巨資購買，娛樂費用的開銷也很大，所以在購買一件東西之前，最好能衡量一下財務狀況，再決定開支，唯有如此，AB型白羊座人才能為自己節省不必要的開支。

第一節　火象星座的 AB 型：
熱情中的理性玩家（白羊、獅子、射手）

愛情心語 —— 毫無顧忌的愛

　　AB 型白羊座人的感情十分熱情也很大膽，對於愛情抱著不怕失敗的勇氣，願意全心付出，毫無顧忌。他們不會把自己的感情隱藏起來，一定要讓對方明瞭自己的愛意。

　　他們經常在一見鍾情的情況下，便決意展開猛烈的攻勢，也不管別人是否有了家庭，或是早已心有所屬。反正只要 AB 型白羊座人情有獨鍾，就不惜一切要得到所愛。

　　如果他們的熱情被對方接納，他們的感情必定會燦爛奪目，但是在對方的心理準備不夠充分的時候，他們的愛情常會嚇走對方，演出一廂情願的遺憾。

　　不過話又說回來，即使兩人情投意合，很快落入愛的漩渦，AB 型白羊座也會很快抽身，一旦熱情消退，什麼也不會留下。

　　AB 型白羊座人，談戀愛一向採取單刀直入的方式一直闖入對方的心扉，不讓對方有時間詳細考慮而攻占對方的心。AB 型白羊座人最討厭有愛不肯表明的扭捏作態，或是因此悶悶不樂的不乾不脆。一生中，會有不少次的熱戀，不過 AB 型白羊座人，最後總是讓人跌破眼鏡，選擇朝夕相處的異性結婚。由於長時間的相處有了充分的了解，彼此進入對方的心中而不自知，一旦有意外的事件，反而促使雙方縮短距離，進而了解到什麼是真情。

在擁有愛情之後，AB 型白羊座對性的觀念並不保守，甚且有時表現出非常開放的一面。通常，從追求異性到發生肉體關係，AB 型白羊座的都會採取主動、積極的態度，此型的女性也是如此，只要認定一個對象，就會主動追求自己的所愛。

不過，並不能因此斷定 AB 型白羊座性慾強烈，只能說，熱戀引爆之後，才使你激起感官世界的感應，而很少沉溺其中。事實上，AB 型白羊座的人都是先有了情念，才有慾念，情慾只為了證明愛的存在罷了。

婚姻家庭 —— 早婚導致不利因素

AB 型白羊座人在年輕時，大約都嘗試過不止一次的戀情，這些戀愛經驗能給予他們莫大的幫助。透過這些經歷，他們才會明白如何跟異性相處，怎樣的性格才是最適合他的伴侶等等。

如果雙方能夠選擇正確的伴侶結合，那麼 AB 型白羊座人的家庭就再幸福不過了，家庭氣氛必是明朗而快樂，可以盡情享受天倫之樂。

AB 型白羊座人，大概都是排斥由親友們安排相親而決定終身。大約百分之八十的 AB 型白羊座的人，由自由戀愛而走上紅地毯的那一端。其餘由其他方式結婚者，多半也是

第一節　火象星座的 AB 型：
熱情中的理性玩家（白羊、獅子、射手）

形勢所逼，而導致不得不違背心意的情形。

通常，AB 型白羊座人的戀情算是閃電結婚的類型，這種可能沒見面就成熟的戀情，跟積極行動有關。此型的人，認識異性幾個月之後便踏入禮堂的不在少數。只要一決定結婚，便不在考慮其他條件，甚至遭父母反對也不在意，演出私奔是常有的事，認為婚姻是自己的事，只相信自己的選擇。

在這種情形下，很多問題都沒有好好考慮，導致不幸福的例子時有所聞。在戀愛和婚姻上，顯得不夠理智，有時甚至非常盲目，十分危險。

抱獨身主義的 AB 型白羊座人，多半是因為跟已婚者交往，或是精力集中在事業而不想結婚，而這種單身貴族，又以女性居多。

所以，二十五歲到三十歲是 AB 型白羊座的適婚年齡，太早結婚不利，最好到適婚年齡再考慮結婚，此時性格已成熟，本身條件不壞，必能有一個美滿的婚姻。

如果是 AB 型白羊座的男性，那麼，本著你的領袖氣質，善盡一家之主的責任，是個可靠的丈夫。而此型的女性，則是乾淨俐落的賢內助。此類型的你，喜好一手包辦家中大小事情，一副一家之主的姿態，任何小事都要插手過問，有時不免有嘮叨的嫌疑。

第二章　AB 型 ×12 星座全解析

男女有別・AB 型白羊男 —— 好大喜功

AB 型白羊座男，愈登上頂點，精力愈旺盛，是個好大喜功的熱情家。在旁觀者眼中，可能以為他的權力欲十分薄弱，只是個風趣的傢伙。但事實上，他內在的熱情不亞於任何人。一旦立了目標，他的鬥志便勢如泉湧。在理性的掩蓋，冷靜的外表下，AB 型白羊男具有強烈的野心，他們通常十分倔強。

他們對於地位高高在上的人，常不自覺顯露出挑戰的態度。在強勁的魄力下，很可能被套上「無禮」、「無見識」的罪名。

男女有別・AB 型白羊女 —— 缺乏耐心

AB 型白羊女因感情過激，雖在短程的決戰中扮演強者的角色，但長期的抗戰力卻非常貧弱，缺乏耐性是他們莫大的致命傷。無論接手任何事，都要先拔頭籌，可惜他們對善後的處理常無能為力，令人跳腳。在強烈的前進意願下，裏藏的是急切與焦躁；狀似直爽且明快作風，其實顯現出缺乏恆心的性情。

所以，在難能可貴的性格表現下，AB 型白羊女恰巧潛伏了可能失敗的因子，這並非言過其實的斷言。

第一節　火象星座的 AB 型：
熱情中的理性玩家（白羊、獅子、射手）

事業成功 —— 拓荒者的領導風格

　　AB 型特有的理性、冷靜的判斷力，再加上白羊座別具特徵的行動力，一邊發號施令，一邊勇往直前，這就是 AB 型白羊座人的一般傾向。

　　用之不竭的拓荒者精神，永不妥協、不退後的魄力、責任感等，只要具備其中一項，就可稱得上是典型的「領導者」。

　　AB 型白羊座人最好能夠自己創業，訂立一個比較遠大的目標，獨自奮勇前進，這樣成功的機會比較大。若是屈居他人下屬，要想一展才幹的可能性就微乎其微了。

　　如果自己創業不成，最好還是選擇規模較大的企業工作，才能有所發展，因為優越感極強 AB 型白羊座人，在這種環境下，才會產生工作意願，否則小廟供不起大佛，對你、對工作環境而言，都是令人遺憾的事。

　　AB 型白羊座女性絕大多數是職業婦女，這是由於獨立、好強的個性所致，女性多半能在事業上擁有一片天地，成為女強人。

　　此外，AB 型白羊座人可以從事副業，成功的機會相當大。

第二章　AB 型 ×12 星座全解析

星座達人點撥

對 AB 型白羊座的忠告

有始有終才是成功的保證。

婚姻乃是人生的必經歷程，縱使事業再有成就，婚姻無著落就不能說是個圓滿的人生。

將過於理性的分析批判指向自己，必須培養客觀的態度，並加強自省的能力。

談戀愛時千萬不要過於以自我為中心，只顧及自己的感覺，應多為對方著想

AB 型白羊座人應切記，雖然有物美價廉的東西，但是千萬不要胡亂大肆採購，否則結果會令人不甚愉快。

2、獅子座（Leo）

7 月 23 日～8 月 22 日

神話由來・象徵意義 —— 高貴的獅子王

傳說中和這星座有關的是位於希臘的尼米亞（Nimean）谷地的一頭獅子，在一次搏鬥中被海克力斯殺死。由獅子座的神話可以聯想到獅子的勇敢和善戰。由獅子去聯想獅子座的特性，很容易就可以想到很多，如高貴、同情心、王者之風等。

第一節　火象星座的 AB 型：
熱情中的理性玩家（白羊、獅子、射手）

獅子座解密 —— 婚姻特點、男女祕技

即使血型不同，所有獅子座的婚姻特點基本都是一樣的 —— 開放式。

獅子座雖然不是一個花心的星座，但與生俱來的稱霸欲，讓他們絕對不可能甘心只在一個人的世界裡徘徊。因此他們理想的婚姻絕對是開放式的，不受形式束縛的，可以隨便在外面擁有知己。

不過獅子座所謂的開放式顯然只是對於自己而言，在他們心中另一半必須安分守己，而自己卻大有可以為所欲為的趨勢。

獅子座的婚姻態度雖然大概一致，但是性別不同還是有些差異的，誰是獅子男的誘惑星座？誰是獅子男的終身伴侶？

獅子男星座瓜葛 —— 假意真情

獅子男 vs 獅子女、白羊女 —— 假意

獅子男內心其實是一個正在成長的孩子，他們很需要超火熱的激情來展示自己用不完的能量，所以同為獅子座的女生很能與獅子男同一步調，去一起瘋玩，並與之燃起轟轟烈烈的一段愛情。但兩頭獅子都需要對方的仰慕，可是誰都不肯為對方妥協，很難讓獅子低下頭顱將另一頭母獅娶回家。

因為見多了社交場合的推杯換盞、互相恭維，所以純真率真的白羊女很能讓獅子男找到陽光年少的感覺。他們很渴望並期待著與火辣直接的白羊女展開一場熱力角逐，可以說白羊女是最能挑起獅子男的性戰鬥欲望。

獅子男 vs 天秤女 —— 真情

對於獅子男來講，高貴的頭顱重於一切，他們對於與自己共同出入社交場合的女人要求很挑剔。品味要高雅，但又不能太過奪目而搶了自己風頭；要很會為人處世，又要以輔佐自己為前提；要足夠聰明圓滑，又要分寸拿捏準確，不失大氣……這一切苛刻的條件似乎非天秤女莫屬了。天秤女似乎生來就是王后，很藝術又不失理性地在獅子國王身邊打理這一切，這令挑剔的獅子國王非常滿意，願意將這個天生的尤物攜上紅毯。

獅子女星座探祕 —— 增加魅力

受人矚目的獅子女因其女人的天性，王者、大氣的性格，非常吸引眾人的目光，崇尚豐富多彩的生活。有其倔強的一面，如果被直接批評或指責，內心會震怒。身為獅子女最值得期待的就是魅力無限，風采可人。

即使血型不同的獅子女，所表現出來的魅力和行為卻大致一樣。

適合的相親對象:

1. 水瓶座 這個星座的男性會撥動獅子女的心弦。他們的生活將是穩定而和諧的。

2. 白羊座 和白羊座的男生結合,有助於獅子女成就宏偉的事業或實現夢想的計畫。

3. 射手座 射手會讓獅子女的生活變得豐富多彩,並會經歷奇異的旅行生活。

適合的相親裝扮:高貴華麗的獅子女最適宜帶點亮片或鑽飾的華麗吊帶,既高貴又性感,很謀殺眼神啊⋯⋯陶瓷燙造型會使整體的感覺更加時尚!

適合的相親地點:獅子女偏愛異域情調的高檔餐廳,當然能夠上這種等級的,才值得獅子女一見啊。

對獅子女的貼心小叮嚀:相親的時候不能一味以自我為重心,記得向對立星座水瓶座學學她們溫和的處事風範,會增加更多朋友。

性格氣質 —— 表現欲望強烈

AB 型獅子座人讓人的有種巨獅的感覺,威嚴而不可侵犯,做事勇猛過人、昂首闊步。AB 型獅子座人最厲害的一點,雖然穰人感到威嚴,但卻不是傲慢不可接近,這就是所謂的亦莊亦諧吧!跟別人相處總是顯得和藹可親,有時也能

談笑風生，顯得天真又開朗。但是，該嚴肅時會收斂起笑容，便令人望而生畏，分寸掌握得很好。

在人群中，AB型獅子座人永遠是最活躍顯眼，有獨特的魅力，能以開朗大方的態度打入社交界名流的圈子，有一套使自己大出風頭的哲學，而這些多半是靠著天生的氣質造就而成。對別人的請求從不輕易拒絕，而且能耐心幫助別人，不負所托。整體而言，具備紳士名流、善心人士的風度。

不過，若是自己的付出，得不到別人回報，就會收起和氣的態度。雖然表面平靜，但內心卻很不是滋味，長久耿耿於懷。從上述的分析就可以清楚看出，AB型獅子座人表現欲強，自尊心更強，一向認為自己所做的事，應得到眾人的讚賞及喝采。

如此的心態，如果掌握得當，能抬高自己的身分，假如無法掌握分寸，反而會弄巧成拙，受到別人的嘲笑，導致沒有知心朋友。

AB型獅子座人絕不跟他人正面衝突，會把不滿的情緒隱藏得很好，這是圓融的一面。但是內心裡確實經常是暗潮洶湧。

AB型獅子座人內心世界，若是無法像表面上的冷靜、理智、開朗大方，那麼，礙於自尊，此型的人可能就成為天下最寂寞的人了，有點孤芳自賞的嫌疑。

第一節　火象星座的 AB 型：
熱情中的理性玩家（白羊、獅子、射手）

　　如果人生是一齣戲，那麼 AB 型獅子座人永遠活在自己的舞臺上，演著一齣獨角戲。

金錢財運 —— 金錢的兩個極端

　　AB 型獅子座人財運變化相當特殊，經常呈現兩個極端，不是大富大貴的財主，就是三餐不繼的窮光蛋，而這兩者完全取決於個人努力和方式。

　　是否能發大財，全看 AB 型獅子座人的意願，如果只要求平淡地過一生，則財運便會沒落，假如積極爭取，憑借聰明才智，成功的機會可說是非常大。

　　一般而言，AB 型獅子座人的財運體現在一波又一波的運勢是否被抓住而定。抓住機會，跟沒有抓住機會的結果，有天壤之別。

　　AB 型獅子座人眼光非常遠大，並不拘泥於眼前的小利，以錢滾錢的方式可以致富，但若是一點一滴的存錢，則一定沒有什麼發財的苗頭。

　　總而言之，AB 型獅子座人的財運屬於中上，再怎麼不發達也能維持一定的生活水準，除非抱著賺一分花一分錢的態度，否則，不致於出現經濟拮据的情形。

　　AB 型獅子座人只要好好努力，都會有一筆穩定的財富。

第二章　AB 型 ×12 星座全解析

愛情心語 ── 華麗的愛情，高超的技巧

　　AB 型獅子座人擁有盛夏般的炙熱，要求的愛情也是光彩奪目，永遠主動出擊，不但不會空等愛情降臨，還會積極為自己爭取。

　　AB 型獅子座人談戀愛的對象，必定是經過精挑細選。因為，凡事都要求以面子為重，自然要求戀人是眾人中的佼佼者，否則，會覺得帶不出去，面子掛不住。

　　AB 型獅子座人談戀愛的方式是竭盡所能地裝飾愛情，將華麗、高級、一切體面的事情都拿來向世界宣告。在戀愛的過程中，十分有技巧，時而冷淡，時而熱情，緊緊扣住對方的心，說起來，算是戀愛高手，隨時都有異性陪伴。

　　求愛的技巧也是一流的，AB 型獅子座人擅長選在氣氛最熱烈，最令人激動的時刻，甜言蜜語讓戀人答應要求，陷入精心編織的愛情網裡。一旦愛上某個人，就會愛得很深，說起來算是個很多情的人，如果覺得這段戀情值得繼續，一定會在投注所有心力。

　　不過，如果得不到對方相同的回報，那就天下大亂了，因為最重視自尊心，如果愛人變心更是無法忍受。性格激烈的 AB 型獅子座人，為了挽回自尊因而採取一些方法不可，甚至產生報復之心，傷害對方，造成無法彌補的憾恨。在一切煙消雲散之後，很快就會恢復常態，把過去的不愉快都拋

至腦後。這種激烈的戀愛方式,容易在失去理智的情況下鑄成大錯。

所以,在此提醒AB型獅子座人,絕對不要因為戀愛失敗,就賭氣做出傻事。避免得不償失,要小心為妙,愛情並不一定要得到回報。

AB型獅子座人都有野性的感情,但是,絕不因此疏忽了人間至真至情的追求,享受性帶來的快感的同時,亦不忘追求感動與真情。

婚姻家庭 —— 自尊強烈的婚姻觀

AB型獅子座人由於性格所致,戀愛方式採取自由戀愛,而結婚的目的,不在追求生活的安定或是為了父母之命。可以說,是為了使美麗的戀情有個最完美的結局而結婚,這是很浪漫的結婚方式。

如果得不到親人的祝福,AB型獅子座人為了愛情會不顧一切,甚至可能私奔,這種堅貞的感情相當動人,最後都能有情人終成眷屬,跟心愛的人結合。

AB型獅子座人通常不會考慮很多,更不會想到婚後的生活計畫,眼裡所看到只是為了亮麗的愛情演出高潮的喜悅。華麗的婚禮,才是結婚的重心,嚮往一場夢幻式的婚禮,而自己就是婚禮中的白馬王子或白雪公主。

可喜的是，雖然 AB 型獅子座的人會草率地步入禮堂，但是一旦婚姻有所起伏變化，會拿出應變危機的本事，盡力想辦法，下定決心去實踐，一定不會讓戀人在婚後有任何不滿的地方。

這種心態，說起來也許是源於自尊心不容損的原則，婚姻失敗，便是有違此一原則，絕不會讓這缺憾成為眾人的笑柄。為了維持苦心經營的婚姻，AB 型獅子座的男生會成為一個好丈夫，而女性則是忠實的好妻子。

AB 型獅子座人的你，對於婚姻多半能掌握得很好，且擅以支配、管理家庭的財務狀況，AB 型獅子座人絕對尊重家中每一個成員的隱私權，因此，家庭十分和睦，發生離婚、分居的機會，簡直微乎其微。

如果有外遇情形被發現，則更是家無寧日，AB 型獅子座人不會輕易原諒對方，因為 AB 型獅子座的人視婚變為平生的奇恥大辱。可是反過而言，若是雙方能謹守本分，互相體諒，那麼這椿婚姻將無人可及，兩人會過著只羨鴛鴦不羨仙的生活，猶如神仙眷侶一般。

在此提醒，婚姻最好是由自己慢慢選擇，別人做媒的成功率，不如自由戀愛來得高。

第一節　火象星座的 AB 型：
熱情中的理性玩家（白羊、獅子、射手）

男女有別・AB 型獅子男 —— 任性的暴君

AB 型獅子男自我觀念很強，自尊心之強，也在常人之上。喜歡被眾人注目，被人稱讚，這一類的欲望相當強烈。

由於領導觀念太強，AB 型獅子男為人處世經常有失公允。但是，無論內心的積鬱有多深，在大眾場合，他們絕不會暴露自己的憤怒。以理性主義為宗旨的 AB 型人特質，對於與人爭吵及正面衝突等，擁有巧妙的逃避本事。

而身為 AB 型獅子男，對於錯誤的決定與不合道理的事，經常想倔強地貫徹，對旁人的意見也置若罔聞，任性的暴君真的不少。

男女有別 AB 型獅子女 —— 母儀天下

AB 型獅子女是花中牡丹，一枝梨花壓海棠，鶴立雞群的華麗存在，是社交界的名流，獨占鰲頭，以其大方慷慨的性情，自然易於結合眾多的捧場掌聲。

聲望之高，親切態度及對人的周到照顧等，有異於一般人的能耐，是個大家都想結識的華貴之人。

受人之託一定會圓滿地完成，有 AB 型獅子女的威儀存在。換句話說：頗有母儀天下的風度，絕對是大富之家想尋找的兒媳婦。

不過，當人們無視於她的服務精神時，會馬上一改其笑

嘻嘻的和氣態度。AB 型獅子女最拿手的譏誚言語隨即出現，雖然表面上力求冷靜，內心卻掀起極大的情緒變化。

事業成功 ── 做就做理所當然的領導者

　　AB 型獅子座人野心極大，對自己要求甚嚴，本著自己不凡的實力，希望在自己所選擇的職業上取得一席之地。所嚮往的職業，多半是領袖級的，如經理、經營者、企業家、議員等，這些職業，比較適合，可以一展所長。

　　在大公司裡，當個名不見經傳的小人物，是 AB 型獅子座人無法忍受的事情，遲早會抽身，重新為自己闖出一片新天地。開始創業時起伏在所難免，AB 型獅子座人的性格不畏失敗、勇於挑戰。在一波又一浪的變化中，你總會找到屬於自己的機會和發展空間。

　　其他適合的工作，有模特兒、演員、明星、設計師、及各類事業的負責人等等，都是能愉快勝任的工作，尤其是演藝事業，更是屬於 AB 型獅子座人的領域，假以時日，必可成為一顆閃亮的超級巨星！

星座達人點撥

對 AB 型獅子座的忠告

　　不要把旁人的評價和自己的滿足作為基準，不妨站在第

三者的立場,客觀地反省。

掌握運勢,適時創造財富,雖有中上的財產運,不努力仍有可能窮困潦倒一生。

失戀並不是世界末日來臨,千萬別因此做出無法彌補的傻事。切記,天涯何處無芳草,天地之間必有一位最理想的伴侶等著你。

勿聽信媒妁之言,相信自己的選擇,一旦決定對象,便應尊重對方、善待對方,彼此廝守一生,婚姻不是表面文章,而是無盡的付出。

掌握良好的人際關係,對事業有莫大的助益。切記,在嚴以律己的同時,要寬以待人,如此才能維持和諧的人際關係,建立人脈。

3、射手座(Sagittarius)

11月22日～12月21日

神話由來・象徵意義 —— 來無影去無蹤的射手

射手座呈現的是半人半馬的型態,具有動物和人類雙重面目,是個著名的先知、醫生和學者。他是希臘著名大英雄傑生(Jason)、阿基里斯(Achilles)和艾尼亞斯(Aeneas)的撫養者。傳說他是克洛諾斯(Cronus)和菲呂拉(Philyra)之子,

第二章　AB型×12星座全解析

也是宙斯的父親。他在受到驚嚇後,把自己變成馬身,其母菲呂拉受不了兒子半人半馬的怪模樣,便變成一棵菩提樹。

射手座的守護星是希臘神話中的宙斯——宇宙的主宰和全知全能的眾神之王。所以是個神聖的完美主義者,有陽剛的氣息、寬大體貼的精神,重視公理與正義的伸張。

射手座基本上是個半人半獸的怪物,手裡有張大弓,也是個灑灑且帶侵略性的獵人,到處尋找獵物,只要是好玩、好吃,能刺激他的玩意,他的箭會射的又快又急。像支點了火的箭,射到哪裡就燒到哪裡,來得急也去得快。所以他們總難安頓。

射手座解密 —— 婚姻特點、男女祕技

即使血型不同,所有射手座的婚姻特點基本都是一樣的——做客式。

做客式婚姻是婚姻生活散漫的極致,雖有法律上的承認,但雙方的生活依然非常自由。可以盡情,陶醉於迷亂的酒精中,可以徹夜的狂歡,流連於單身歲月的霓虹燈之下。

就連見面也只能靠偶然的時間巧合,相聚變成做客,婚姻的枷鎖徹底解脫。射手座要的婚姻感覺就是茫然和繽紛的,存在著無數次的心動,卻只是婚姻中的客人。

第一節　火象星座的 AB 型：
熱情中的理性玩家（白羊、獅子、射手）

射手座的婚姻態度雖然大概一致，但是性別不同還是有些差異，誰是射手男的誘惑星座？誰是射手男的終身伴侶？

射手男星座瓜葛 —— 假意真情

射手男 vs 水瓶女 —— 假意

首先天王星守護的水瓶座與木星主宰的射手座有一定的共同之處，見識廣博的水瓶座很能滿足射手座的獵奇心理。並且水瓶座的四處獵奇性格，不像射手座那樣有層次感，除了高深的哲學可以共同探討，水瓶座又會關注社會邊緣甚至底層的人群生活所影射出來的人生道理。射手男很為水瓶女的這種博愛的大智慧所迷戀，但是比射手男更加熱愛自由的水瓶女會讓射手男有不安定感，所以不太敢娶回家。

射手男 vs 白羊女 —— 真情

射手座很追求上進，很希望自己能在夢想追求途中有一番作為。但在木星的吉光照耀下，射手座的好運氣很多，因為太過好運所以總容易不停地往前奔跑而忘記要抓牢什麼。而白羊座是很重視「擁有」的一群，有白羊女陪在射手男身邊，會不停地督促射手男要目的明確地攻下一座堡壘，再去開拓新的機會。這樣才能使自己的疆土越來越廣闊，距離自己的夢想才會越來越近。白羊女很符合射手座的現實生活目標，所以更易共同走入婚姻。

射手女星座探祕 —— 增加魅力

自由奔放的射手女因其女人的天性,好奇心強的性格。

即使血型不同,但是表現出來的魅力和行為卻大致一樣,身為射手女最值得期待的就是魅力無限,風采可人。

由於射手女的風格太過於奔放,應該懂得適當的控制一下。

適合的相親對象:

1. 雙子座 雙子男的風趣和博學,會讓射手女的生活充滿朝氣與歡樂。

2. 白羊座 和激情滿懷的白羊男相處會非常愉快。

3. 獅子座 和獅子男會相互愛慕,相處得十分融洽。

適合的相親裝扮:開朗活潑,酷愛自由的射手女,往往看起來顯得很年輕,俏麗的學生風格裝扮,顯得清新美麗,容易讓人有好感。

適合的相親地點:酒吧一定是射手最適合相親的地點,如果看對方不順眼,也不會讓酷愛豔遇的射手女太寂寞,因為燈紅酒綠的紅男綠女太多了。

對射手女貼心小叮嚀:相親的時候還是要稍微控制一下開心果本色,加點矜持,記得向對立星座雙子座學學時髦的品味,一定更加使對方刮目相看。

第一節　火象星座的 AB 型：
熱情中的理性玩家（白羊、獅子、射手）

性格氣質 —— 偉大的實踐家

AB 型射手座人是即知即行的實踐家，聽到一些新奇的事情，往往會忍不住要立刻去嘗試，親身體驗其中滋味，凡是不屬於自己經歷過的事情，都抱有強烈的嘗試衝動。

這樣的性格加上 AB 型的理智便形成富有冒險、嘗試錯誤的精神。AB 型射手座人擁有一個冷靜的頭腦，思考敏捷，性格直爽，認為「對就是對、錯就是錯」，不喜歡拐彎抹角昧著良心說話。

另外，AB 型射手座人又有立刻付諸行動及「做了就知道」的精神，厭惡拖泥帶水及任何不乾淨的事情。在前一刻，才決心把某件事弄得明白清楚，下一秒鐘卻又毫無顧忌放下手上的新事物，直朝另一個新目標前進。

AB 型射手座人具有迅速行動的爆發力，幹勁十足，鬥志旺盛。勇往直前的時候，連天塌下來都擋不住你的決心！

AB 型射手座人最大的缺點就是做事虎頭蛇尾，持續性不強。平生最怕的就是清理善後之類的麻煩事情，要好好地把一片混亂整理恢復到原來的樣子，AB 型射手座人必定是唉聲嘆氣，心不甘情不願地替自己闖下的禍事收拾爛攤子。

這樣的人自然常因衝刺太快而失敗，只知道猛踩油門卻忘了適時以煞車減速，挫折自是難免。但有趣的是，對 AB 型射手座人而言，失敗並不代表結束或挫折消失，也不會沮喪消沉。

金錢財運 —— 中等財富收入階層

AB型射手座人的財運會有極少數不是大富翁就是等待救濟的窮光蛋，但是大部分的人卻是介於兩者之間的中產階級，擁有中等收入。

AB型射手座人在賺取財富上具有非凡的才能，憑藉著靈活的手腕及高超的商場直覺，縱橫在國際市場或股票市場，賺取大筆鈔票可說是易如反掌。

當然，AB型射手座人的口袋要牢固些，守住財富。因為金錢對AB型射手座人而言是毫無意義的，重要的是擁有財富後隨之而來的生活享受，一擲千金及花錢如流水是不易改變的本性，還得靠配偶或朋友的幫助才守得住錢財。

如果很不幸地，AB型射手座人沒有很好的運氣，又缺乏控制花錢欲望的自制力，即使錢賺得再多，也抵不上帳簿上面的赤字。

最有可能的情形，是AB型射手座人的收入及支出正好差不多，足夠追求世間無窮盡的歡樂，沒有金錢的束縛，又能享有金錢的快樂，便是你的寫照。

愛情心語 —— 旋風愛情

AB型射手座人對愛情有同樣驚人的爆發及衝勁，熱情如火，在見到意中人的一剎那，便化作無數愛神的利箭，使

第一節　火象星座的 AB 型：
熱情中的理性玩家（白羊、獅子、射手）

對方毫無招架之力，雙雙墜入愛河中。

AB 型射手座人無論是男性或女性，在愛情的追逐遊戲裡，通常扮演主動的角色，大膽地向對方傾吐心中無數貼心的話，輕易捕獲對方的心。

然而，溫柔哄騙及甜言蜜語並不是 AB 型射手座人的專長，向目標做直線式的表白，以及開朗爽快的行動，才是求愛的特色。

因此，無論痴迷狂戀到什麼樣的程度，AB 型射手座人始終能保持適度的風範，即使被當面回絕或是得不到回音，也不會惱羞成怒。此時，AB 型特有的理性及射手座的豁達，使 AB 型射手座人能顧及禮貌向對方致歉，退出戰局，恢復原本爽朗愉悅的心境。

AB 型射手座人的每一次戀愛都基於好奇心的試探，反而成為成長過程不可缺的歷練。不過，仍必須防止這種「來得快，去得急」的旋風式愛情，一旦考慮不夠周密，很可能會造成終身遺憾的不幸。

愛情戰爭是 AB 型射手座人追尋人生意義的另一個里程碑，也是心智第二次成長的開始，經由絕不氣餒、密集進攻的方式，風采及氣質必定會吸引對方成為伴侶。

由於 AB 型射手座人的直率性和速度，可以使愛情的進展也十分迅速，事實上，射手座所編織的戀情往往雙方都會

不由自主地捲入愛情的漩渦裡，沒有任何一方能主動停止。此時，也沒有主動與被動的區別，兩個人都是相互追逐的狂熱戀人。

如果進展到這個程度，AB型射手座人的內心會突然冷靜下來，宛如靈光乍現一般，開始思考彼此之間目前遭遇的問題，以及未來可能的發展。這段突如其來的停頓空白，正是考驗AB型射手座人對意中人的情意的時候，究竟這份感情是深是淺？是盲目的激情還是真正的刻骨銘心的相思？

假如無法通過這關，雙方只好提早為戀曲譜下休止符，避免一錯再錯，愈陷愈深。若是幸運地通過這次的考驗，那麼隨之而來的幸福，將會使AB型射手座人感覺自己是世界上最快樂的人。

婚姻家庭 —— 溝通和體諒很重要

AB型射手座的婚姻典型的現代男女結合的模式，跟傳統的形式完全不同。可以說，結婚仍不足以改變心中追求自由的想法，想做這種嘗試的人，十有八九是失敗的。

在AB型射手座人的觀念中，根本不認為丈夫養家的義務或是妻子照顧家庭的義務，是具有意義的事，尤其是「男主外，女主內」或者「丈夫是王，妻子稱后」這些傳統包袱更引不起AB型射手座人絲毫的興趣。

第一節　火象星座的 AB 型：
熱情中的理性玩家（白羊、獅子、射手）

AB 型射手座人認為夫妻彼此應將家庭視為兩個人的共同財產，雙方絕對站在平等的地位，沒有高下之分，沒有誰賺錢誰管帳之類的分配。

和伴侶一起持家，共同養家，這事輪流負擔，薪水各自保管。婚姻的條件完全以兩人的感覺為第一，將現實的金錢財產問題全部置之度外，不屑一提，如此的婚姻是絕對自由的結合，也是熱情奔放的另一種展現。

AB 型射手座人尊重配偶，所以不願以奴役或控制的方式，要求對方事事都聽從命令或指示。也因熱愛自由，所以不願被對方束縛或控制，當然也不願過分干涉對方的行動。

自由、平等、互助、是建立新家庭的原則。如果無法做到這點，其他的美滿幸福都是空談，AB 型射手座人不可能享受每天上班打卡、回家看電視的無聊生活。

AB 型射手座的男性，經常保持一份朝氣和活力，活力充沛，對任何事情的興致更加高昂，絕不會愁眉苦臉。AB 型射手座的女性，則會把青春的氣息帶進家庭，婚後仍可能保有一份充滿挑戰性的工作，夫妻兩人共同建立一個新時代的家庭。

個性不穩定是 AB 型射手座人婚姻潛伏的危機，射手座的人往往稍嫌不顧家，所以彼此之間的溝通及體諒格外重要，排除這困難之後，才能有真正的婚姻自由可言。

第二章　AB型 ×12 星座全解析

男女有別・AB型射手男 —— 神聖和高雅

AB型射手男可以說是有些脫離世俗的束縛，帶點神聖和高雅，高屋建瓴的姿態和迅捷的速度，都讓其自身富有戀人迷人的魅力。AB型射手男保留了單純的稚氣這一點，也是吸引異性的魅力之處。

AB型射手男思路清晰理智、舉動浪漫，在愛情、工作和生活的過程當中，舉動會表現的很狂熱。但頭腦中始終會連結著一份沉著以及理智，這個優點足以幫助此類型人取得成功。

男女有別・AB型射手女 —— 自制力不足

AB型射手女有既可愛又富於魅力的獨特氣質，雖然不太有恆心及毅力，也沒有很好的自我控制力，但仍不失為讓別人樂於相處的夥伴。

對天生自由慣了的AB型射手女而言，家庭絕不是一個束縛或枷鎖，而是縱容奔波於天涯海角之後，第一個想急於回來安歇休息的甜蜜窩巢。AB型射手女最大的弱點就是自制力不足，經常分心，不能專心地完成一整件事。如果遇到一大堆事情擠在了一起，AB型射手女絕對是慌了手腳，不知道該從哪裡做起。這個時候及時伸出幫助的手，相信AB型射手女一定會芳心暗許。

第一節　火象星座的 AB 型：
熱情中的理性玩家（白羊、獅子、射手）

事業成功 —— 選擇適合自己性情的工作

更換職業對 AB 型射手座人而言已成為家常便飯，但不一定是由於某些特殊的原因，很可能只是一時感到倦怠，甚至是轉變心情的藉口。

不過，AB 型射手座人換工作的次數愈多，成功率反而愈大，以 AB 型射手座人的個性來看，不合性情的工作絕對是對心靈及肉體的雙重折磨，比監獄裡的勞役更難受。

如果不能激發 AB 型射手座人對事業的興趣，以及想要成功的欲望，就不會把心思及聰明才智投入，以獲取成就感，對於職業的選擇，有相當程度的執著。

適合 AB 型射手座人的職業有三個條件：有變化、富於衝勁、自由發展，缺少其中一項都不成，最有緣的職業大部分跟海外、旅行有關。國際貿易、國際談判、文化交流等，都是最好的選擇，不僅充滿了挑戰及刺激，也滿足了 AB 型射手座人的野心。

其他在運動方面，做個職業的運動員，例如網球之類著重個人發揮的項目，也可有傑出的成績。或者出版、服務業、甚至自行開班教授才藝也不錯。

AB 型射手座人擁有多面的興趣，因此發展也是多方面的，但在選擇職業，仍以自己的意願最重要，只要符合自己的興趣，有朝一日必能闖出一片新天地。

第二章　AB 型 ×12 星座全解析

星座達人點撥

對 AB 型射手座的忠告

為避免再次犯同一錯誤,應學習反觀自我。

做事千萬別有頭無尾,否則即使擁有再多的先天條件,所有的努力也會成為泡影。

有不錯的財運,但若是不能善加守護,到頭來一樣會變成伸手向人求救的窮鬼。

避免愛情遊戲式的交往,每一次的戀愛,都應是全心的投入。

應改變多變的性格,注意夫妻間的溝通及體諒,多分一點時間到家庭。

在投入某項工作之前,最重要的是問自己是否有從事此項工作的意願。

第二節
風象星座的 AB 型：
聰慧風格與自由靈魂
(雙子、天秤、水瓶)

1、雙子座 (Gemini)

5月21日～6月21日

神話由來・象徵意義 —— 糾結的雙子心智

在埃及，雙子座的名稱為「孿子星」，是以這星座中最明亮的兩顆星卡斯達 (Castor) 和波利克斯 (Pollux) 命名，這兩顆星另外還有兩組名稱，分別為海克力斯 (Herules)、阿波羅 (Apollo)、特里普托勒摩斯 (Triptolemos)、艾遜 (Iasion)。埃及人觀念中的孿子座為幼童，而非一般常見的成人形象。

雙子座代表雙胞胎的兄弟，象徵二者心智上的連繫，以及兩個人對客觀環境的共識。

雙子座解密 —— 婚姻特點、男女祕技

即使血型不同，所有雙子座的婚姻特點基本都是一樣的 —— 試驗式。

在婚姻上，雙子座永遠是具有探索精神的先鋒星座，願意為新式婚姻身先士卒，磨掉傳統沉重的稜角。他們不願意為了一點好處就把自己草草應付了事，更不會安心的看著已經遠去的愛情，守著婚姻的空殼。

雙子座寧願把一紙婚書拋到一邊，也要追求感情生活的品質，所以試婚便很容易成了雙子的首選。別看雙子座平常一副大大咧咧，沒心沒肺的樣子，在感情上，他們寧缺勿濫。

雙子座的婚姻態度雖然大概一致，但是性別不同還是有些差異，誰是雙子男的誘惑星座？誰適合做雙子男的終身伴侶呢？

雙子男・星座瓜葛 —— 假意真情

雙子男 vs 處女女 —— 假意

雙子座總是向女孩子炫耀自己的知識廣博無人能及，勾起女孩子的崇拜之情。但是遇見處女座，他們就大受打擊。因為處女座同樣受水星守護，遇事思考的能力一點不比雙子座差，並且對知識的要求非常嚴格。她們會一半接納雙子的

第二節　風象星座的 AB 型：
聰慧風格與自由靈魂（雙子、天秤、水瓶）

炫耀，又同時將其批判得體無完膚。這種把妹時的艱辛感對雙子男而言是很大的刺激，令自己更加上進並且試圖征服處女座女子。這種階段性的艱辛感會讓他們產生征服的衝動，雄性爆發，但因為害怕挫敗於是沒勇氣選擇與之長久生活。

雙子男 vs 水瓶女 —— 真情

愛好交際的雙子座經常會因為不同的應酬而逢場作戲，而身為他的另一半，首先要足夠理解雙子的交際需求，才不容易導致誤會。水瓶座也是交際非常廣泛的一族，並且交際範圍比雙子座還要廣，見的世面還要多，聰明的水瓶座甚至可以為雙子座提供很多有意義的社交經驗，幫助，雙子座這個長不大的孩子用更加成熟的方式處世，所以雙子座願意將水瓶女娶回家作智慧內助。

對雙子男的忠告：由於生活隨便，不喜拘束，因此離婚的情形很多，應特別注意。

雙子女星座探祕 —— 增加魅力

足智多謀、八面玲瓏的雙子女因其女人的天性，游離不定的性格，即使血型不同，但是表現出來的魅力和行為卻大致一樣。

身為雙子女最值得期待的也是女人嚮往的魅力無限，風采可人。

雙子女由於性格中的具有雙重性，否定和肯定總是結伴出現，因此，建議對那些看不慣的行為最好不發表意見，免得惹人非議。

適合的相親對象：

1. 射手座 他會為雙子女的生活帶來新的氣象。建立起來的家庭將是充實、自由和浪漫的。

2. 天秤座 天秤座的男生有助於雙子女藝術才能的發揮，或者進入高層次的社會生活。

3. 水瓶座 水瓶座男性會讓雙子女的生活內容發生巨大的變化。將經常出入知識界，結識學者和名人。

適合的相親裝扮：生性時髦的雙子女最適宜青春可愛的棉質裙裝，灑脫又時尚，又能強烈體現一人分飾兩角的雙子風格，讓人留下深刻印象。

適合的相親地點：KTV想必是雙子女首選，因為雙子女都是狂歌手，而且好處不止於此，如果雙方感覺不對，也可以靠唱歌來彌補，不至於那麼無聊。

對雙子女的貼心小叮嚀：相親的時候要多意小細節，記得向你的對立星座射手座學學她們不拘小節的大方性格，不要讓周圍的人覺得你思想太過跳躍，而顯得浮躁哦！

第二節　風象星座的 AB 型：
聰慧風格與自由靈魂（雙子、天秤、水瓶）

性格氣質 —— 多變，難以捉摸

　　一般而言，雙子座人都具有雙重性格，而 AB 型人則有 A 型人特質與 B 型人性格互相左右著，所以可想而知，AB 型雙子座人性格是如何的複雜。性格善變，且趨向多樣化，時時呈現不同的面貌，每個時間所表現出來的態度都不盡相同，有時甚至南轅北轍，大相逕庭。

　　B 型雙子座人像個千面女郎，讓人無法理解。在任何情形下，一體兩面的內心都在互相掙扎、衝突。其實，這是很辛苦的一件事，也令人感到難以捉摸。

　　AB 型雙子座人十分有頭腦，學東西記的快。隨機應變是 AB 型雙子座人的一大本事，只要一開頭便能抓住要領，而且現做現賣是你的一大本事。只要一經吸收，通常都能融會貫通成為自己肚子裡的「墨水」。往往有出奇制勝的妙策，常使旁人極想探知心中的祕密，不知下一步又要出什麼奇招了。AB 型雙子座人有任何意見盡量發表出來，多與人溝通，以免讓人有陰沉富於心機的印象。

　　AB 型雙子座人的興致一過，熱情便立刻冷卻，即使原先投入了極大的心力，也會在所不惜地放棄。總之，需要耐心去等待結果的事情，AB 型雙子座人絕對不會輕易嘗試，寧可做自己有把握的事，也不願嘗試冒險的事。

　　AB 型雙子座人一旦跟人相處得不好，產生矛盾就很容

易鑽入牛角尖,悶悶不樂,這種印象讓人有種不夠光明磊落的不快之感。

金錢財運 —— 從事副業帶來的財運機會

一般而言,AB型雙子座人的財運呈現中下勢,並不是很好,但這也不代表離財神很遠,然而財力總是出現困境,錢到用時方恨少,「一錢憋到英雄漢」的情況。原因多半是由於本身對錢財淡薄而無欲念,另一方面,不擅長賺錢也是原因之一。

AB型雙子座人並不是被錢財遺忘的可憐人。事實上,有不錯的偏財運,經常從事副業所賺的錢,比正業的收入還要豐富,當然不可能賺進一大筆一大筆的鈔票,但是也有持續不斷的好運。

如果發揮AB型雙子座人的特有的合理性格,善加安排收支狀況,必可穩賺不賠,坐擁財庫。所以,不要忘了好好把握從事副業的機會。另外,好的人際關係可以帶來財運,藉由中介關係而賺上一筆的人,比比皆是,人際關係正是賺錢的有利條件,必須更加珍惜。

愛情心語 —— 冷漠無情

AB型雙子座人在戀愛時的雙重性格也表露無疑,時而瘋狂地愛戀,時而揮袖而去。對待愛人,前一刻可能甜蜜地

第二節　風象星座的 AB 型：
聰慧風格與自由靈魂（雙子、天秤、水瓶）

相依偎，後一刻卻冷淡得像陌生人。事實上，理智永遠占據在心中，不會盲目陷入愛情的漩渦。

雖然，AB 型雙子座人詼諧機智的談話內容，能使愛情保持一定的新鮮度，卻一直無緣品嘗狂熱的愛情和燃燒的感官。戀愛方式，其實稱之為「遊戲」可能更恰當。並沒有十分在意雙方是否有感情，只是也不排斥這種你追我躲的愛情遊戲，AB 型雙子座人跟對方的交往方式則是冷淡又公開，不同於一般人私訂終身的濃情蜜意。行為之所以會如此，是個無人能解的謎底。

AB 型雙子座人這種戀愛態度經常讓對方掃興至極，也因此讓愛情埋下陰影。所以，AB 型雙子座人通常都不會有長久的愛情，彷彿蜻蜓點水，又有如採蜜的蜜蜂，永遠在尋尋覓覓之中。雖然並不是故意要對愛情如此玩世不恭，但所表現出來的行為確實令人不敢恭維。

AB 型雙子座人覺得守住一份固定的愛是件相當無聊的事，而受婚姻束縛更是愚不可及。有時，過於冷淡自由的戀愛，會傷害到對方，而且也可能失去得到人世至情真愛的機會，畢竟這孤獨的世界，確實需要一些溫暖感情的撫慰。

在性方面的態度也是如此，沒有十分渴望，但也不會刻意排斥，只不過視為戀愛中的一小部分罷了。之所以嘗試，多半是出自好奇的心理，並不把性關係視為愛情的保證，也

否認它是感情的維繫,這算是相當奇特的觀念。總之,往往讓人有種對愛情不負任的印象。

婚姻家庭 —— 慎選結婚對象

AB 型雙子座人大概覺得結婚是,讓自己失去自由、是件無聊而又無趣的事。不認為結婚是人生必經的過程,也不覺得結了婚就得白頭到老,與其讓自己陷入婚姻的囹圄,不如選擇單身日子來得消遙自在。不過,AB 型雙子座人並不排斥婚姻,總覺得兩人如果能像朋友一樣,彼此關心對方、但不互相牽制,那倒也是美事一樁。

對於所謂婚前的考慮、計畫,AB 型雙子座人並不在意,一想到要開始為如何賺錢、存錢、花錢,如何養家活口,如何教育孩子,而傷腦筋就頭痛。不如不要結婚,繼續享受一個人的日子。對於經濟基礎,或是未來的發展等問題,根本不在考慮之列。AB 型雙子座人的思想怪異而又前衛,不是常人能接受的,所以,如果要防止婚姻失敗,最好的辦法就是慎選結婚對象,否則婚姻會重重地傷害兩個原本無辜的人,當然其中一人就是自己。

AB 型雙子座人結婚之後會向伴侶提出「讓彼此自由,不要成為彼此的束縛」的原則,做為兩人的相處之道。如果有一方做不到,違背約定,那麼這段婚姻必然會破裂。

第二節　風象星座的 AB 型：
聰慧風格與自由靈魂（雙子、天秤、水瓶）

　　AB 型雙子座人無情的個性，此時會斷然決意分手，而無一絲戀戀不捨的感情。所以選擇伴侶是件非常重要的事情，除非對方能完全接受自己的觀念，否則，還是不要結婚，以免造成遺憾。

　　婚後的 AB 型雙子座人不會停止婚前的一切社交活動，家裡猶如單身的小窩，不會特別有家的氣氛，一切都以舒適、自在為主。儘管如此，由於 AB 型雙子座人對感情抱持著處之泰然的態度，只要彼此不束縛對方，不妨礙、不干涉、不牽絆，就不會做出傷害家庭的行為。

　　如此任性的 AB 型雙子座人，還是在婚前謹慎一些，兩人真心相愛，同樣可以擁有幸福美滿的婚姻。

男女有別・AB 型雙子男 —— 追求美色

　　AB 型雙子男，在戀愛時交替出現的雙重性格，經常使女友無所適從，時而瘋狂地追求女方，時而音訊全無。火熱時如火，冰冷時如冰，讓人感覺莫名其妙。

　　事實上，理智永遠是 AB 型雙子男心中的首位，不會盲目陷入愛情的漩渦。只在乎追求美色的誘惑和炫耀，對女方的感覺一點也不在乎，說翻臉就翻臉。而且還掌握著主動權，也不十分在意雙方是否有真感情，而是在這場貓捉老鼠的愛情遊戲中樂此不疲。

在大家的眼裡，他們和女友時聚時分，但兩人的關係又是公開的，AB型雙子男內心，喜歡看著女方為自己痴情不移，最好出現幾個女子求愛，這才是此型人最得意的。

男女有別 AB型雙子女 —— 天使和魔鬼的化身

AB型雙子女有時外向、有時內向、有時充滿激情、有時心如止水，又有時像天使、有時像惡魔，當然惡魔那一面隱藏的很好，一般人無法洞察，也不會讓人看到另一面。

愛好特別廣泛，幾乎沒有不喜歡的，AB型雙子女玩什麼都不會很長久，總是會容易感到膩。

AB型雙子女特別容易接受一些東西，比如新思潮、新髮型、新款式衣服等等。每日衣物穿著變化也很大，可以今天穿的很運動，明天很淑女，後天又很樸素。

在感情上AB型雙子女也會有時冷時熱的現象，既是戀愛高手，也經常成為愛情犧牲品。因此，要開闊自己的心胸，端著戀愛的態度。

過分好奇，會讓人覺得多管閒事，太過乾脆，又讓人覺得隨便，過於謹慎，更讓人覺得居心叵測，AB型雙子女的一舉一動很難拿得準確，恰如其分。所以，最好的方法是不議論別人是非，拿捏分寸，做個有原則的人。

事業成功 —— 選擇自由的個性工作

AB型雙子座人選擇職業的第一個條件是自由,如果沒有自由,則萬事免談,而在自由的要求下,即使需面對波動與浮沉,也在所不辭。

AB型雙子座人適合變化多端的工作,只要能依照自由自在的個性工作,通常都能愉快勝任,發揮最大的潛能。舉例而言,記者、編輯、作家、播音員等,這些不受拘束的工作,很適合具有獨特辨才與思緒敏捷的AB型雙子座人。

而需要用語言的工作,也能愉快勝任,例如翻譯、速記、律師、業務員等都可以一展才幹,獲得相當的成就。

但是,即使找到了適合的職業,也並不代表成功,AB型雙子座人的定性不夠,使得成功率只有百分之五十,成功和失敗,其實就是一線之隔。假如從事一生不變的公務員生涯,那更是不智之舉,早已定型的人生,能夠出人頭地的機會只有零。走在既定的路途上,無聲無息地老死,對AB型雙子座人而言並非心而所願。

A型雙子座人的特徵:若從事副業會大有發展,如果能加強人際關係,則會更有幫助,廣闊的交友可以建立豐富的人際關係,這些人際關係都會帶來更寬廣的生活層次,以及良好的財運。

第二章　AB 型 ×12 星座全解析

星座達人點撥

對 AB 型雙子座的忠告

雖然多才多藝，但卻苦於無發展的機會，這多半是因為缺乏耐心及集中力的緣故，所以，多培養自己的耐性及集中力吧！

為求晚年生活安定，儲蓄絕對是必要的。財運並不佳，所以，守財也是致富的方法之一。

表面上的冷淡及無情，常使對方失去信心，美好的戀情因此籠罩著不安的陰影，何不用心去經營一個永恆的愛情！慎選一個可以給予自由的伴侶。

多方面的發展，多領域的了解，集大成者必能出人頭地。

2、天秤座（Libra）

9 月 23 日～10 月 22 日

神話由來・象徵意義 —— 均衡的天秤

是希臘神話裡女祭司手中那個掌管善惡的天秤飛到天上而變成的。大約西元前 2000 年此星座和巴比倫宗教主宰生死的審判有關，天秤是用來衡量靈魂的善惡之用。天秤座象徵著一種均衡和公正的中庸點。

天秤座解密 —— 婚姻特點、男女祕技

即使血型不同，所有天秤座的婚姻特點基本都是一樣的 —— 無性式。

天秤座有一個理由結婚，就有一萬個理由拒絕婚姻生活。或許人們會覺得天秤座很矛盾，殊不知天秤座寧願喪失合法的性，也不願意放棄浪漫的暢想。

他們不願意自己的婚姻生活落於俗套，寧願投身於柏拉圖之中，享受無性式婚姻，讓婚姻徹底在意識中純潔理想化。對於天秤座而言，結婚源於幻想。

天秤座的婚姻觀念雖然大概一致，但是性別不同還是有些差異，誰是天秤男的誘惑星座？誰適合做天秤男的終身伴侶呢？

天秤男星座瓜葛 —— 假意真情

天秤男 vs 白羊女 —— 假意

不慍不火的天秤座，其實下半身是不太容易衝動的，並且因為吸引太多異性圍繞在身邊，天秤座很容易自戀以及沾沾自喜，可是一遇到白羊座女生便會覺得自己靈活的手腕很難派上用場。白羊座的急躁性格帶點強迫意味，讓天秤男下半身亢奮，於是白羊只要一出現，天秤男就願意放棄其他的機會趕緊抓牢與白羊女的激情一刻。

天秤男 vs 雙子女 —— 真情

在夫妻關係中，天秤男對人皆好的曖昧態度，很少有人可以接受，要保持長久的關係，還是需要一個很懂得交際能夠理解天秤男的女人在身邊。同樣交友廣泛的雙子女不光可以做到，並且轉得飛快的大腦可以為他們的生活帶來無限樂趣。多重的人格角色還會漸漸把天秤男的人際交往能力提高，可以讓天秤男從雙子女身上就演練到跟不同的人交往的方式，簡直是個貼心又另類的賢內助。

天秤女‧星座探祕 —— 增加魅力

優雅多彩的天秤女因其女人的天性，中庸的立場和難於定奪的性格，讓人印象總是和藹可親，稍稍有點嚴謹拘束。

即使不同血型的天秤女，對青春的魅力和優雅行為的追求卻大致一樣。

適合的相親對象：

1. 白羊座：白羊男很容易對天秤女傾慕。只要彼此傾心相與，會幸福的喲。

2. 雙子座：雙子男性會對天秤女產生好感。他妙趣橫生，海闊天空和富有超級幻想色彩的談吐，會把天秤女帶入一個夢寐以求的境界。

3. 水瓶座：水瓶座男也會產生真摯的感情和愛的壯舉。

適合的相親裝扮：時尚的天秤女，在相親的時候並不需要顯得太過時尚，嫵媚的紫色系，能夠很好的體現乖乖女的模樣哦！

適合的相親地點：一場好電影，一家好的電影院適讓天秤女相親，因為單是這一場電影就足以讓看出你們是不是志趣相投了。

貼心小叮嚀：相親的時候別忘了要多點熱情，記得向對立星座白羊座學學她們開朗的處事風範，想必加分多多。

性格氣質 ── 溫文爾雅，談笑風生

很多知名的翩翩紳士淑女都是 AB 型天秤座人，最重要的並不是他們的臉蛋長得很好看，而是迷人的風采著實吸引了不少人。

無論在任何時候，AB 型天秤座人都能表現出從容、怡然的神態，態度總是優雅得無懈可擊。來去自如，談笑風生，讓人有溫文儒雅又成熟的印象。

理性絕對勝過感情，所以大概很難看到 AB 型天秤座人慌慌張張，手足無措的模樣。無論何時何地，都能冷靜且不憂不懼地面對。

即使被捲入糾紛的漩渦，也會出淤泥而不染，而且努力和別人溝通協調，盡量息事寧人，希望大事化小，小事化

無。在排解糾紛時，AB型天秤座人通常能扮演好一個和事佬的角色。因為大家都認為AB型天秤座人形象端莊，有資格說公道話，而當事人通常也願意接受調解。天秤座的平等精神，在此時確實是發揮得淋漓盡致。擅於擔任「法官」的角色，判斷世間的不公和不義，而且往往能獲得當事者的信服。

AB型天秤座人最厭惡別人粗俗無禮的行為，因為這有違追求平等、和平的本心，在他們的眼中，世界一切都應是和諧美好的，所以不容有醜陋的事情發生。

有一點必須注意的是，絕對要求平和、均衡的心態，有時會演變成怕事，處處討好別人以求和諧。AB型天秤座人應謹防別人所謂的「沒有主見」、「過於世故」、「過分虛偽」、「不夠坦誠」等評語，也許這些評語不正確，但如果因此招來別人不悅，引起排斥，那就得不償失了。

有的時候，AB型天秤座人和別人的一些小摩擦、小衝突，反而是生活的「潤滑劑」。有可能增加溝通的機會，促進彼此的感情，因此，別過於緊張，急著協調。

總之，切記勿讓溫文儒雅變成優柔寡斷，要勇於表達自己的意見，讓別人真正了解你，也別受到他人批評意見的左右，相信自己的看法。

金錢財運 —— 平穩的財運

　　AB 型天秤座人的財運屬於平穩型，沒有特殊的大起大落，不需為生活擔憂。同樣地，想要成為大富翁的機會也就相對減少。

　　AB 型天秤座人不太可能有獲得意外之財的機會，因為沒有偏財運，而且也很沒耐心去賺錢。AB 型天秤座人認為那會剝奪享受人生的機會，何況，他並不覺得錢財是多麼重要的東西。

　　說起來 AB 型天秤座人對金錢的欲望稍微薄弱了些，只要能維持生活條件的均衡，大富、大貴都是不相干的事，不會因為財富迷失自己，也不會因為窮困落魄而喪志。

　　其實，上天賜予 AB 型天秤座人不凡的條件，若能善加利用，必能把中上的財運改變為上上之勢。一切只在於做或不做。

　　AB 型天秤座人最好能避免從事投機事業，例如投資公司、炒股票、期貨買賣等。

　　此外，AB 型天秤座人應注意避免過於奢侈，講究生活的享受雖無妨，但必須在預算之內，別超支太多，以免形成財務危機，務實的理財方法才是致富之道。

第二章　AB型 ×12 星座全解析

愛情心語 —— 重視華麗的愛情遊戲

AB型天秤座人的感情世界也是以和諧、優雅為原則，大概永遠也無法體會亂世兒女的情懷，在他們的世界裡只有美麗的戀情，沒有所謂的苦命鴛鴦。

AB型天秤座人一向以追求浪漫、美麗的愛情而感到快樂及滿足。不夠深刻、無法刻骨銘心的愛情，是不屑一顧的，只能說是重視華麗炫耀目的外表甚於一切的人。

由於這個因素，AB型天秤座人會不斷追求新的戀情，畢竟美麗是短暫的，也可能只是假象。一旦深入了解後發現了對方內在的缺點，便一刻也不能忍受，決意離去。

有時，會有人會戲稱AB型天秤座人都是「花心蘿蔔」，這不是沒有道理的，標準定得太高，稍有不合意的對象，一概被剔除於理想人選的名單之外。

不過，AB型天秤座人花心歸花心，還不至於發生畸戀，捲入感情的糾紛。因為，收拾畸戀後果的狼狽情景，實在有違優雅高尚的原則。所以，即使畸戀的對象非常適合標準，也會敬鬼神而遠之，AB型天秤座人並不是那種為了愛可以犧牲一切的人。

AB型天秤座人是「性愛合一」的擁護者，在他們的觀念中，性也是表達感情之美的一種表現，認為愛情到了某種程度，兩人就應該靈肉合為一體。

不過，這並不代表 AB 型天秤座人都是肉慾主義者，只是追求肉體慾望的滿足。能享受性所帶來的快感，也能冷靜地恢復平常心。華麗的愛情遊戲，才是 AB 型天秤座人衷心盼望的。為愛情犧牲這種悲狀的事蹟不可能發生在身上，甚至會覺得不以為然，不願去做愚蠢的事。雖然，AB 型天秤座人談起戀愛是如此熱情奔放，但是理智會調和年輕奔放的心，不會沉陷於愛情遊戲，陷入不可自拔的漩渦裡。

婚姻家庭 —— 優雅的家庭品味

毫無例外，只要 AB 型天秤座人都會成為愛情的俘虜，走入婚姻的殿堂裡。因為，人緣甚佳、風采迷人、能歌善舞，戀愛機會一定不少，到了戀愛成熟的階段，自然地就會跟中意的對象訂下婚約。

而最主要的原因，則是 AB 型天秤座人的理智會輕易地找到適合的結婚對象，通常尋找對象的過程，都需要經過一段較長的時間。

講究體面的 AB 型天秤座人，選擇終身伴侶非常嚴格，從人格、外貌衣著、經驗、內在涵養等。無一不在考慮之列，寧願不結婚，也不願隨便「遷就」一個對象。嚴格而言，婚姻是講究「品質第一」。

在決定結婚的時候，別人的意見往往會成為關健所在。

說起來,或許是和 AB 型天秤座人性格上重視別人的看法,甚至跟自己的態度有關吧!

AB 型天秤座人,由於息事寧人的態度,婚姻多半能夠幸福。即使夫妻兩人吵架,教養甚佳的 AB 型天秤座人也不至於演出激烈碰撞的場面。

AB 型天秤座人的家庭生活是和平而富民主精神,因為 AB 型天秤座的人很懂得尊重別人,採納不同的意見,不會擺出一家之主的架子,凡事獨斷專行。

AB 型天秤座的男性很會照顧家庭,以努力工作來保障一家擁有平均水準以上的生活。而此型的女性,結婚之後大都扮演開朗美麗的女主人角色,是讓丈夫永遠引以為傲的伴侶。

由於 AB 型天秤座人相當重視形式上的莊重,只要對方在婚後表現出不雅的行為,就有可能演變成婚姻問題,嚴重的甚至必須以離婚收場。

什麼是不雅的行為呢?在 AB 型天秤座人的觀念裡,不摺被子、不收拾碗盤、偷懶、疏於修飾自己、上廁所不關門等等,都是沒有教養的人所做出來的行為。AB 型天秤座人不屑與這種人為伍,說,穿了也是為了顧及自己的「面子問題」。

在感情出現裂痕之後,AB 型天秤座人中有不少人會因此而尋求外遇的刺激。雖然有時只是為了一時的發洩,但婚

第二節　風象星座的 AB 型：
聰慧風格與自由靈魂（雙子、天秤、水瓶）

外情的陰影已經存在婚姻中。

其實，婚姻生活需要互相體諒、時時自省、別太苛責對方了，在要求對方的同時，也應先要求自己，多一點付出，才能擁有更完美的婚姻。

男女有別・AB 型天秤男 —— 喜歡獵豔

AB 型天秤男最喜歡的往往是有神祕感、新鮮感的對象，而朝夕相處的伴侶，婚後就會很難讓他們有愛情的感覺。這個時候他們就會開始尋找一些「甜品」或「點心」了，順便看看自己是否寶刀未老，是否還受廣大美女們的歡迎？

對他們而言，來自異性的廣泛肯定，很重要。他們內心對於感情的變化，總是掩飾的很好，即使被感覺到，AB 型天秤座人永遠不會讓對方抓到真憑實據，或者就打死不承認。

所以往往拖著伴侶，從發現到分手經過很多年，斷送對方的大把青春。

男女有別・AB 型天秤女 —— 高貴優雅

AB 型天秤女，頗受大家歡迎，別人之所以會欣賞，除了高貴優雅的儀態之外，交際手腕靈活也是一大主因。

在 AB 型天秤女的觀念中，談戀愛最大的目的就在於把快樂帶給對方。所以，極力避免以悲劇收場的戀情，在這方

第二章　AB型×12星座全解析

面顯得冷靜而又理智。

AB型天秤女很好的自身修養，經常成為身邊女孩子模仿的榜樣，許多男孩子也把AB型天秤女身為追求女友的標準。

事業成功 —— 社交得當助推事業

AB型天秤座人如果能充分運用性格特質，它可幫助事業飛黃騰達，這些特質可說是最大的財富。

比如說，AB型天秤座人手腕靈活的社交手腕。又比如AB型天秤座人不同世俗的審美觀，這些都是人生發展中最有利的本錢，只要善用自己的優點，必可有一番成就。

AB型天秤座人向往的人生是快樂而且美麗的，所以找工作也本著這個原則。需要花體力、用心思的工作，最好能夠避免。比較適合的職業，是和眾人一起工作，在團隊中發揮互相合作的精神。

可以選擇和大眾直接接觸的工作，動腦筋的工作也很適合，因為AB型天秤座人有很好的人際關係，廣大的人際網路可以無往不利。與生俱來的美感，更可以發揮與眾不同的創意，在工作中屢屢締造佳績。例如，貿易公司外務員、公關代表、接待人員、大使、外交官、律師、調解委員等，都是可以一展才幹的職業。

善用AB型天秤座人美的天份也能有所作為，影劇明

星、演員、設計師、模特兒、藝術家等，都是不錯的選擇，也許有朝一日能成為熠熠巨星。

AB型天秤座人不妨從事副業，但最好能選擇符合自己興趣的工作。副業經營得當，不僅可以帶來一筆收入，也能幫助事業帶來好轉的運勢。

星座達人點撥

對AB型天秤座的忠告

養成不介意他人臉色及評價的自我認可，並加強決斷力，切忌優柔寡斷。

絕對避免投資事業，平穩的財運，雖不會成為富豪，但也不必為錢煩惱，所以順其自然即可。

雖然華麗的愛情令人嚮往，但永恆的愛情更值得追求，如何在理想與現實之間取得平衡，便有賴於智慧了。

切勿為了一時的發洩，演變成婚外情，導致不可收拾的地步，留下人生永遠無法磨滅的缺憾。一旦有裂痕出現，應努力尋求彌補。

刻意追求和諧，有時反而帶來反效果，更阻礙人際關係的發展，堅持自己的原則，明白表示意見，才是真正的處世之道。

美的天份是最大的本錢，擅加利用必能成就一番事業。

3、水瓶座（Aquarius）

1月20日～2月18日

神話由來・象徵意義 —— 智慧的水瓶

特洛伊的王子甘尼米德（Ganymede）是個黃金般的美少年，有一天他在牧羊時，突然被宙斯變身的老鷹捉到奧林帕斯（Olympus），負責已嫁給海克力斯的西碧公主原先擔任的斟酒工作。在古代的羅馬，當太陽的位置在這個星座的第一個月為雨季，所以定名為水瓶。

水瓶座（也稱寶瓶座）指的是重生之水和智慧的泉源之意，常被稱為「天才星座」或「未來星座」，是近神星座之一，代表神的思想。

水瓶座解密 —— 婚姻特點、男女祕技

即使血型不同，所有水瓶座的婚姻特點基本都是一樣的 —— 走婚式。

似乎這個定義讓瓶子的形象過於放浪，但把瓶子拘泥在一個固定的框架裡，並且判處其終身監禁，的確不太人道。

瓶子注定是飄泊的，在婚姻問題上，瓶子的現代化前衛思想煙消雲散，最原始的婚姻狀態反而變成瓶子的首選。當然，也有很多瓶子渴望婚姻，只可惜他們也許並不把婚姻作

第二節　風象星座的 AB 型：
聰慧風格與自由靈魂（雙子、天秤、水瓶）

為一個終點站，最多是一個加油站罷了。

水瓶座的婚姻觀念雖然大概一致，但是性別不同還是有些差異，誰是水瓶男的誘惑星座？誰適合做水瓶男的終身伴侶呢？

水瓶男星座瓜葛 —— 假意真情

水瓶男 vs 獅子女 —— 假意

如果說 12 個星座裡面的 10 個星座女都無法融化水瓶座的冰冷，那可以做到的就是獅子座了。其他的 10 個星座都很為水瓶座的另類與大智慧所迷戀，而獅子女卻完全不走這一路線，恰恰相反，獅子女就是「傻」也要傻到澈底，張揚的獅子女不想用任何理智的態度束縛自己的光和熱，水瓶男會因為這種無法抵抗的熱情將獅子女帶上床，卻懼怕自己的融化而不敢將其娶回家。

水瓶男 vs 水瓶女 —— 真情

水瓶座雖然盛產不婚主義者，但是他們卻很容易產生孤獨感，水瓶很需要一個與自己的精神共同成長的革命夥伴。他希望他們之間可以絕對的平等，擁有同樣的高智商以及闖蕩世界的願望……若要滿足此類需求，只有水瓶女是也。只有水瓶女可以給予對方隨時需要的個人空間，她們可以接受對方的忽然離去，甚至可以接受結婚後兩人各居一室的生活方式。所以水瓶男假如要結婚的話，還是願意找自己的同類。

水瓶女星座探祕 —— 增加魅力

標新立異的水瓶女因其女人的天性,自命不凡的性格,讓人有過分冷靜和理智的印象,也有一定程度的頑固性。

即使不同血型的水瓶女,對個人的魅力和打扮行為的追求大致一樣。

適合的相親對象:

1. 獅子座 獅子男會對水瓶女產生好感,對事業有共同的願望和共同的追求。

2. 雙子座 雙子男的求知欲和真誠的友誼,會打動水瓶女的心弦。會在志趣相投之中和諧地生活。

3. 天秤座 天秤男的靈感和對美的嚮往和水瓶女能夠激起愛的火花。

適合的相親裝扮:有漂流氣質的水瓶女,是常被人稱許的氣質美女,在輕巧的藍白色調洋裝上加些小搭配,會使得水瓶女看來既知性又感性,倍受青睞。

適合的相親地點:有品味的展覽館是很好的約會地點,尤其是追求精神上契合的水瓶女更能透過一場展覽看出對方同自己的思想是否合拍,以確立下次機會。

貼心小叮嚀:習慣我行我素的水瓶女,在相親的時候記得向對立星座獅子座學學四面照應的女主人風範,會增添許多的魅力。

第二節　風象星座的 AB 型：
聰慧風格與自由靈魂（雙子、天秤、水瓶）

性格氣質 —— 理智的思考和行動

　　AB 型水瓶座人屬於理性型，冷靜且客觀的態度，以理性為宗旨，任何事都以推理方法去解釋，這就是 AB 型水瓶座人的一般傾向。明晰且敏銳的判斷力，深得要領的冷靜思考力，所支持的行動模式，這就是理性的表現。

　　AB 型水瓶座人變更角度，把複雜的問題加以巧妙分析，並準確地預測可能的結果。一顆有如科學與理性結合的腦袋，就像井然有序的電腦般。在十二星座中，水瓶座算是最理智的一類，況且又加上 AB 型的合理氣質，所以，在 AB 型水瓶座中，當然會有許多腦筋優秀的人。

　　AB 型水瓶座，做事情總是比別人早幾步，他們幾乎都是先進想法的所有人。他早已超越習俗、道德與常識的框架，轉而以自身的價值觀來理解與詮釋世界，展現出一種獨立而自由的觀點。

　　這一類型的人，以其獨創的構想及獨特的見解，往往使周圍的人大吃一驚。擁有自由的精神，不拘泥於任何情境。AB 型水瓶座人比任何人都快，且敏銳地看透未來，是未來世界的先知。

　　經過理性所證明的 AB 型水瓶座人，其行動與他人有全然不同的獨創傾向，這可以說是他們的基本步調。然而 AB 型水瓶座人以其強烈創造力之故，而為周圍的人視為異類，

或被當作怪人的應該也不少。對於不合理的中傷，他們並不放在心上，然而因自身破壞了社會的秩序，而導致被攻擊，這倒是常見的事情。

AB 型水瓶座人的對事物自有一套周全妥善的方法；可是，因為把所有事情都太合理化之故，往往造成太過任性，或者冷靜得太過火，而招致冷漠的誤解。

金錢財運 ── 收入頗豐，注意儲蓄

AB 型水瓶座人不太可能因事業成功而成為富翁，也絕不會成為守財奴。他們的收入會高過一般人，但是相比之下，為了享受生活，支出也會隨之增加。

因為他們不重視金錢，所以財富得到容易失去也很容易。良好而廣闊的人際關係往往會為他們帶來意想不到的財富，所以儘管他們不是個勤於積蓄的人，也不至於陷於貧窮。他們對於賺錢也有獨特的方法，能夠依照個人的才能及獨創力化解金錢方面的危機。

AB 型人一向只求衣食不缺，能夠溫飽即可，加上水瓶座對金錢最沒有概念，花起錢來毫不節制，因此大筆的財富在手中很快就會消失，解決之道是必須有一筆救急存款，以備不時之需。

所幸，他們是個生活上的樂天派，有錢沒錢對他們的生活並沒有太大的影響。

第二節　風象星座的AB型：
聰慧風格與自由靈魂（雙子、天秤、水瓶）

水瓶座特有的友愛精神和AB型人的平等價值觀，使人產生好感，因而廣泛的交際關係，也是其所擁有的一項資產。

愛情心語 —— 友情發展到愛情

AB型水瓶座人的戀愛過程也有別於一般人的感情發展，可以說是理智而冷靜的。他們往往容易陷入一個分不清是愛情或是友情的漩渦裡。

開始時往往是不自覺的，兩人原本是很好的朋友，彼此，經常交換人生的看法，談論自己的抱負和理想，或是工作間的合作，而後才發覺彼此都無法找到更投緣的對象，彼此展開一段安靜但基礎穩固的戀情。

他們並不欣賞把一切愛意表現出來的浪漫情懷，但這並不表示他們不重視愛情，也不是拒絕別人的愛意，相反，他們是個把愛情看得十分神聖的人，因此不輕易墜入愛河罷了。

這樣的過程對婚姻十分有利，因為，有共同的語言和興趣，愛情的基石很堅固。不過也容易形成疲勞，最還能在現有的基礎上，增加一些新的愛好。

AB型水瓶座人對性的態度往往是嚴謹的，按部就班成為夫妻生活的固定模組。因為精神上的共鳴較多，雙方對性的探索也十分到位。

婚姻・家庭 ── 自願和共鳴的伴侶

由於 AB 型水瓶座人的戀愛觀傾向於自由開明,個人意志在婚姻中占有極重要的部分,所以他們絕不會找一個看不對眼的人做終身伴侶,也不會因為需要一個人做伴,草率地走向紅毯的另一端。

結婚對他們而言只是一種形式,因此他們不會在意彼此共同生活的束縛。婚姻中重要的是精神上的自願及共鳴,彼此會以很開放的態度坦誠相待。在婚後他們的理智會立刻提醒自己身為丈夫或妻子的責任,除了極度的個人自由之外,他們會很誠懇地擔負起自己應盡的本份,做一個理想的伴侶。

擁有婚姻關係的生活不會有巨大的轉變,AB 型水瓶座人對待對方仍和婚前一樣保持彼此平等的夫妻地位,不會成為大男人主義的丈夫或撒嬌依賴的妻子,更不會有「原形畢露」的毛病。

他們的婚姻不會影響彼此的社交生活及交友圈子,特別是此型的女性,更不會因此放棄職業追求,平日的生活仍能保持不斷的進步。AB 型水瓶座人的婚姻大部分是成功的。

男女有別・AB 型水瓶男 ── 解決問題的高手

如果不喜歡傳統古板的家庭生活,希望的是再活潑明亮一點的家庭生活的話,找個 AB 型水瓶男的老公就對了。

第二節　風象星座的 AB 型：
聰慧風格與自由靈魂（雙子、天秤、水瓶）

　　AB 型水瓶男會和戀愛時一樣地愛著妻子，雙方會成為一對像朋友一樣的夫妻。

　　當有孩子後，他會帶著全家去露營、旅行，或是努力工作買一棟大房子，AB 型水瓶男是個行動派的人。

　　AB 型水瓶男非常理性，知道自己該做什麼不該做什麼，任何時候都保持著冷靜及客觀的頭腦，他們的生活原則是對周圍的事情保持敏銳的感覺。因此會握家庭時不時地帶來一份驚喜，把家裡的事情處理的十分到位。

　　AB 型水瓶男崇尚自由的精神，對他人也頗尊重自由，可以讓對方有十足的空間。

男女有別・AB 型水瓶女 ── 電力十足的先知先覺

　　AB 型水瓶座女經常讓人有不食人間煙火的感覺，清秀的不得了，其實她們又挺喜歡搞怪的。從她們不斷變換的髮型和小飾品就可以看的出來，可愛的讓人想保護她們。

　　當她們喜歡、興致上來了，就會放出百變的電波，時而清純無邪，時而成熟魅惑，時而又似乎什麼內容都沒有，直到你被電的沒有方向，舉手投降為止。這雙水汪汪的大眼睛無論注視到哪一個男性，都具有一億以上的殺傷力。

　　AB 型水瓶女在想法及做法上，總是比身邊的姐妹早一兩步，走在時尚的前端。她們常利用合理的推斷能力去預測

下一步的發展,同時要求別人相信自己的看法,可說是屬於「先知」型的人。在別人還沒有時髦之前,早已看清某個時尚的脈絡,先行打扮起來,自顧自地行走在大街上四處放電。

事業成功 ── 展現個人創造能力的職業最適合

最適合 AB 型水瓶座人的職業,也是唯一能夠長久持續下去的職業,便是能夠自由發揮才能的工作,通常是富有藝術氣息或是不受太多約束的自由業。

AB 型水瓶座人對金錢的報酬往往不計較,唯一的要求是能夠自由施展抱負,不受團體的過分束縛。但是在埋頭事業之後,金錢、名聲及頭銜自然伴隨而來,只要能夠持之以恆,獲得成功並非難事。

這樣,AB 型水瓶座人自然而然會因腦筋優秀而成為別人羨慕及求助的對象。同時他們具有自由的思想,以及獨特的見解,經常會使面臨的困難出現解決的好辦法。

他們的性格經常帶有與眾不同的傾向,思考的方法往往超越一般的範圍,而所從事的事業也往往具有創造性。他們通常被視為不平凡的人,又因為個性中的理性,一般職業對他們都很適合,而作家、記者、大眾傳播及處理流行諮詢的工作,AB 型水瓶座人最能全力發揮才能。

星座達人點撥

對 AB 型水瓶座的忠告

AB 型水瓶座人因為思想和行為有超於世人觀念之處,被別人誤解甚至擠壓時,不要氣餒,這是此類型人大多要經歷的一個關卡,挺過去就會成功,不要半途而廢,不要固執己見,要養成易於接受他人看法的態度。

為自己儲存一筆數額的資金,以解燃眉之急。

忙自己事業的時候,不要忽略的家庭感情的維護。

持之以恆的精神是 AB 型水瓶座人最應該謹記。

第三節
水象星座的 AB 型：
情感深流與感性邏輯
（巨蟹、天蠍、雙魚）

1、巨蟹座（Cancer）

6月22日～7月22日

神話由來・象徵意義 —— 外剛內柔的巨蟹

巨蟹座最早脫胎於巴比倫的傳說。在埃及，這星座的象徵為兩隻烏龜，有時被稱為「水的星座」；有時又被稱為 Allul（阿璐兒，一種不明的水中生物）。可見這星座和水關係之密切，但詳盡的傳說卻已散佚。

巨蟹座象徵著擅於滋養別人及保衛別人或自己。它有著很堅強的軀殼，但是它的內在都是纖細、敏感而且柔弱的。

巨蟹座解密 —— 婚姻特點、男女祕技

即使血型不同,所有巨蟹座的婚姻特點基本都是一樣的 —— 傳統式。

無論時代變化得如何迅速,巨蟹座還是渴望傳統的婚姻,一個愛或者有點愛自己的伴侶。一個溫暖或者有點沉悶的家庭,巨蟹座永遠需要一個空間是屬於自己的,即使只是在法律上。

巨蟹男在婚姻中並不追求完美,他們可以犧牲自己的感受,可以犧牲浪漫的味道,卻不會犧牲婚姻。或許一些豪放派覺得巨蟹座對婚姻的態度過於勉強,但巨蟹座卻在圍城裡矢志不渝。

巨蟹座的婚姻觀念雖然大概一致,但是性別不同還是有些差異,誰是巨蟹男的誘惑星座?誰適合做巨蟹男的終身伴侶呢?

巨蟹男星座瓜葛 —— 假意真情

巨蟹男 vs 天秤女 —— 假意

其實巨蟹男很嚮往你儂我儂的甜蜜戀情,但是又很小心翼翼,雖然心裡很想聽到情人對自己說甜言蜜語,但是自己不去表達,所以也常常得不到期望的回應。但是天秤女人生來就很會討人歡心,她們與人交往時很會從對方角度去思

考，總是會用很巧妙的方式瓦解巨蟹心裡的小疙瘩，給予他們想要的回應，巨蟹男便會迅速燃起不為人知的激情。

巨蟹男 vs 金牛女 —— 真情

巨蟹男很敏感，在外打拚時很容易因為一些小事而思前想後，產生不必要的擔心。那麼家裡就很需要一個金牛座這樣的女生來幫助穩定巨蟹男的情緒。金牛女思考問題很穩重並且有條理，她們會幫助巨蟹男過濾掉不必要的困惑，抓到問題重點，一步一步把問題分析解決。巨蟹男因此感到十分踏實。並且金牛座重視家居生活，金牛女又很會做一手好吃的拿手菜，令巨蟹男傾心不已，因此願意將金牛女娶回家。

巨蟹女星座探祕 —— 增加魅力

保守謹慎的巨蟹女因其女人的天性，防禦意識強的性格，讓人有溫文爾雅的印象。即使不同血型的巨蟹女，天生的愛美和打扮行為的追求卻是大致一樣的。

適合的相親對象：

1. 魔羯座 該座男生會理解巨蟹女的願望，提供她所需要的安慰和愛。

2. 雙魚座 雙魚座的男生和巨蟹女一定是情趣投合的搭配哦。

3. 天蠍座 天蠍座男性的狂熱愛慕，也讓巨蟹女很沉醉。

適合的相親裝扮：溫柔多情的巨蟹座穿著揹帶裙就很適宜，也很能改變臃腫的外在感覺，顯得輕盈浪漫，造型100分！

　　適合的相親地點：有特色的小餐廳就很適宜巨蟹們溫和的母性化風格，溫暖而且柔和，會使對方好感倍增。最好再展現廚藝，想必對方會被這賢妻良母的形象所迷倒！

　　貼心小叮嚀：相親的時候要多留意對方感受，記得向你的對立星座魔羯座學學她們務實的處事風範，那你必然是魅力女人百分百。

性格氣質 —— 和平使者

　　AB型巨蟹座人很能了解別人內心的煩悶、憂慮、而且總是耐心地為別人排解紛爭，解決問題。看來和和氣氣，總是笑臉迎人，只要別人有困難找幫忙，二話不說一概答應。對自己不很喜歡、欣賞的人，大概也很少表現出嫌惡感，似乎總覺得跟別人相處一定要有溫和有禮、熱心助人、才能贏得別人的好感。

　　此類型的人，遇到衝突發生時，絕不會意氣用事，處事態度是「大事化小，小事化無」能少惹一些麻煩，省掉無謂的紛爭再好不過。

　　如果不能避免紛爭和糾紛，一定會避得遠遠地，寧可先

第二章　AB型×12星座全解析

退讓一步，以換取和平，不可能和別人打架鬧事。

AB型巨蟹座人不會管閒事，因為最怕不和諧的氣氛，只好永遠保持中立，在許多糾紛中，扮演和平使者的角色，為有誤會的雙方調解，所以有相當不錯的人緣。

事實上，若是細究AB型巨蟹座人的本性，不難發現他們並非特別喜愛照顧別人。之所以如此，目的是在保證自己平和的心境而已，同時也怕被別人侵犯到內心世界。或許是出於自衛的心理，在十二星座中，就屬巨蟹座的防衛能力最強，有時因為過於保護自己，反而變成過度的個人主義。

AB型巨蟹座人遇到有人頻頻示好，表示要更深一層的交往時，會開始揣測對方的用意究竟是為了什麼，整個人顯得緊張得很，急忙尋找方法以防別人侵入內心世界。在跟AB型巨蟹座人初識時，會認為這個人做事有條有理，一副很有理性的模樣，其實，他們是個在感情上永遠占上風的人，也就是說，處理事情時，感情成份還是占了很大的比例。

有時讓別人了解自己多一些，可以意外地得到知己好友，同時，也可以趁機磨練一下自己，千萬別太封閉。

金錢財運 —— 穩定成長型的理財方式

AB型巨蟹座人的財運相當穩定，堪稱在超水準之上。可是，不會有一夕致富的機會，因為沒有偏財運，所以最好

第三節　水象星座的 AB 型：
情感深流與感性邏輯（巨蟹、天蠍、雙魚）

能杜絕一切空中樓閣式的發財大夢。

賭博、投機事業只會帶來不好的運道。知道為什麼嗎？原因在於投機事業需要冒相當大的風險，而一心一意追求生活安定 AB 型巨蟹座人，絕對承受不起這種起起落落所造成的刺激。而且，也沒有魄力投入又狠又準地投資，所以，一旦跟投機事業沾上邊，多半會損失慘重，虧了老本。

平心而論，AB 型巨蟹座人致富的唯一途徑是儲蓄，量入為出是最穩當的聚財方法，有一定的儲蓄，晚年生活必可高枕無憂。此外，定期存款，選擇信譽良好的股票投資、投資不動產，都是不錯的致富之道。投資管道不夠寬廣，但至少也是屬於穩定成長型。

AB 型巨蟹座人在投資股票、不動產時應擦亮眼睛，不要隨便聽別人的話，以免受騙上當得不償失，在投資之前最好先下一番功夫進行調查。

愛情心語 ── 瘋狂的愛情之火

AB 型巨蟹座人內心充滿了無限情意，但就是不表現出來，非得等別人主動發出愛的訊息，才肯有所回應。在對方沒表明態度之前，卻是滿心期待，內心像鹿一樣亂撞。

AB 型巨蟹座人感情豐富，一旦談起戀愛，就會像個哥哥或姐姐，把對方照顧得妥妥貼貼，更會以無比的包容跟對方相處。

平常時候,看來一副充滿理性的模樣,對任何事都能從客觀的角度去分析,相當冷靜,這或許是因為過於用理智保護自己,掩藏愛情的結果。

但是,AB型巨蟹座人對於戀人的要求,通常不會忍心拒絕,雖然表面上不一定百依百順,但是心底卻對戀人依依不捨,不會輕易離開對方。

總之,在行為處事上都理性十足,一遇到感情問題便沒招了,會表現得失魂落魄、不知所措,旁人很容易就看出掉入愛河了。

AB型巨蟹座人一旦掉入愛情的漩渦裡,就會完全瘋狂地失去理智。就會不顧一切全心投入,由愛到發生性關係,如此開放、積極接受,令人難以理解。

經常在等待愛神的降臨,這種被動的心態,很難使尋覓到真正的感情。常扮演單戀者的角色,或是被別人搶走心中的白馬王子、白雪公主,卻只能暗自傷心落淚。但是,一旦有戀情產生,經過相當的相處時間,在這樣的情形下所發展出來的感情既成熟又穩定,而這也是AB型巨蟹座人衷心期盼的。

有一個現象值得一提,雖然AB型巨蟹座人多愁善感,但對過去的戀情都不會過分眷戀,或許是原有的理想,又把自己拉回現實的緣故。要防止失戀的穩當方法,是收起過度保護自己的冷淡,別因冷漠引起別人的誤解,而平白失去獲得真愛的機會。

第三節　水象星座的 AB 型：
情感深流與感性邏輯（巨蟹、天蠍、雙魚）

婚姻家庭 ── 別被「利」迷住了雙眼

AB 型巨蟹座人一旦走入婚姻，便會以家庭為生活的重心，一心一意只為了家而奮鬥，一旦失去了家庭，精神上真不知以什麼為主。

在考慮結婚之前，會詳細了解對方是否符合自己家庭的條件，而不僅是只符合於自己的條件即可，更希望能獲得周圍親朋好友的肯定及祝福。

除了結婚對象必須符合家裡的期望，對方還必須能符合一些現實條件，例如，有穩定的經濟基礎、一份有前途的工作。要懂得開源節流，嚴格而言，這些條件只不過是追求「安定」的一貫原則。

所以，婚前是發揮理智的最佳時機，寧可多花一點時間尋找結婚對象，也不要因一時的衝動，陷入錯誤的婚姻，造成一生的悔恨。

雖然，AB 型巨蟹座人的家庭會十分和諧，一家人相敬相愛，但是，由於有時太重視現實的緣故，很多事情便以激烈的方式尋求解決，造成家庭大小事情都以「利」字為著眼點，所以，家庭雖表面上和諧，但卻談不上親密、美滿。

這種情形可以從新婚看出來，例如，連最甜蜜的夫妻生活，都被 AB 型巨蟹人座視為只是為了養育下一代的準備工具，這點常令對方難以忍受，感到相當掃興。

儘管如此，家庭中所發生的一切爭執、磨擦，AB 型巨蟹座人都能以和諧為重要原則，讓大事化小、小事化無，即使像外遇這樣嚴重的事故，也會要讓孩子有一個完整的家庭而忍氣吞聲，尋求各種方法努力解決。

AB 型巨蟹座人很少會選錯對象，除非是因為盲目的戀情沖昏頭，否則通常都能以門當戶對的婚姻證明自己的眼光。

男女有別・AB 型巨蟹男 —— 內心經常不安

雖然外表上 AB 型巨蟹座的男性是一個和氣安祥的態度，但實際上內心十分惶恐不安。或許就是因為如此小心翼翼，所以一旦被人探知心底的傷痛，或被人中傷，便難以壓抑傷心之情，而且久久無法釋懷。

如果一直無法平息憂傷的情緒，甚至可能變得喜歡以言語刺傷別人來平靜自己的內心。這種情況下，此類型男子多半在生活中斤斤計較，一切事情都要分出你對我錯。

AB 型巨蟹座的男性，通常工作都非常勤奮，是個保護妻子兒女不遺餘力的好丈夫。

男女有別・AB 型巨蟹女 —— 避免情緒化

AB 型巨蟹女在外面會盡力保護自己，儼然一副隨時做好萬全準備的模樣，而一回到家裡，或是獨自時，你就會撤

第三節　水象星座的 AB 型：
情感深流與感性邏輯（巨蟹、天蠍、雙魚）

去防範之心。

如果此時有任何突如其來的事情刺激，反應必是相當激烈。過分以理性來壓抑感情會變成封閉自己，所以，AB 型巨蟹女應該特別注意情緒的梳理。

此型的女性是相夫教子，照料家庭無微不至的賢內助，所以，選擇做為終身伴侶，將是一樁幸福的婚姻。

事業成功 —— 注重現實，切忌好高騖遠

AB 型巨蟹座人一切都以現實為主，絕對不會脫離現實，做一場空洞不切實際的美夢，稱為現實主義者。

所以，AB 型巨蟹座人選擇職業時考慮的條件，基於符合實際的考慮，最好能找一些跟生活密切配合的工作。舉例而言，服飾生意、食品業、房地產買賣等，這些有關民生必須的職業，都大有可為。如果不從這些行業著手，可以另外找跟大眾直接接觸的工作。例如，公共事業、服務、顧問、創意，公司等都非常適合。

假如是 AB 型巨蟹座的女性，則上述的職業只適合在婚前從事，一旦結婚之後，會完全以家庭為重，只要工作妨害礙到家庭生活，一定會毅然決定地辭去工作，專心做個家庭主婦。在尋找職業時，AB 型巨蟹座人常會走上一段艱辛漫長的路。遇到許多挫折過程並不算順利，想要穩定下來似乎

總是無法如願以償。

在這時候,別忘了考慮一下上述職業,通往成功的路仍等待著。

星座達人點撥

對 AB 型巨蟹座的忠告

不要把自己封閉在甲殼內,適當培養發展更深廣的人際關係。

打開心扉,以自然的態度面對周圍的環境,可以減少受到傷害的機會。

投機事業千萬碰不得,平平的財運,儲蓄便是最好的理財之道。

冷漠只是保護色,誰不主動追尋理想中的愛情?理智的處理方式,將使每一次的戀情都成為美好經驗,而非痛苦的回憶。

家庭生活雖然現實,但仍必須加入溫柔的成分,才能化解夫妻間的磨擦。

當遇到求職的挫折時,千萬不要灰心,天無絕人之路,成功的大門永遠為你打開。

2、天蠍座（Scorpio）

10月23日～11月21日

神話由來・象徵意義 —— 神祕的天蠍世界

天后茱諾命天蠍從陰暗的地底爬出來，攻擊俄里翁（Orion，戴安娜所鍾情的獵人，後化為獵戶星座）。另外一次，天蠍施放毒氣攻擊正駕著太陽神馬車經過的菲頓，而使邱比特有機會發射雷電，將奔跑中的太陽車擊毀。

對於許多西方占星家的眼中，天蠍座的符號其實是「蛇」，因為蛇在上古時代即被視做「智慧」和「罪惡」的象徵，眾所皆知的的是，人類的始祖亞當、夏娃會被驅逐出伊甸園的主要罪魁禍首就是受不了蛇的引誘，才會吃下智慧果鑄成大錯。這個星座的人永遠像被層神祕面紗所遮掩住，不但使別人無法看透，而且還可以散發出不可抗拒的魅力。

天蠍座解密 —— 婚姻特點、男女祕技

即使血型不同，所有天蠍座的婚姻特點基本都是一樣的 —— 同性式。

蠍子座的內心總是莫名的自卑，渴望被最親密的方式呵護，卻找不到訴說的途徑，只好讓異性抓耳撓腮。然而反反覆覆仍舊不得要領，蠍子還在渴望，神祕的外衣卻無情的遮

住了脆弱的本性，也許異性永遠無法了解蠍子的世界。

天蠍座的婚姻特點大概一致，但是性別不同還是有些差異，誰是天蠍男的誘惑星座？誰適合做天蠍男的終身伴侶呢？

天蠍男星座瓜葛 —— 假意真情

天蠍男 vs 獅子女 —— 假意

獅子與天蠍從來就是糾結不清的冤家情人，獅子女的霸道與自負對天蠍男而言極有挑戰色彩，而獅子女的陽光與灑脫又讓天蠍男有時感到自卑與不安，這種種複雜的情緒分分鐘都牽扯著天蠍男身體深處那根敏感的神經。天蠍男總想要將獅子女緊緊抓牢，可是獅子女卻對這咄咄逼人的方式感到厭煩與不屑，儘管兩個強者無法走進婚姻之門，天蠍男也會積蓄起所有的能量為了致勝的一擊……

天蠍男 vs 雙魚女 —— 真情

相當好色的天蠍男對婚姻中另一半的要求非常霸道，是屬於「只許州官放火，不許百姓點燈」的那種人。他的伴侶一定要接納這種霸道的需求才可以穩定地生活下去。雙魚女的奉獻精神真的可以做到能夠接受天蠍男在外面的三葷二素，甚至都有可能為了老公的健康而在天蠍男的包包偷放安全工具呢！所以天蠍男很願意有這樣一個女人放在家裡讓自己安心。

第三節　水象星座的 AB 型：
情感深流與感性邏輯（巨蟹、天蠍、雙魚）

天蠍女星座探祕 —— 增加魅力

不擅交際的天蠍女因其女人的天性，勇敢而堅忍的性格，讓人有溫柔甜蜜的印象，但是受到傷害後的反擊也相當猛烈。

即使不同血型的天蠍女，天生的愛美和打扮行為的追求也可以互相借鑑。

適合的相親對象：

1. 金牛座　真沒想到竟然是金牛座拔頭籌吧？天蠍女同金牛男共同的生活會領略愛的真諦和奧妙。

2. 雙魚座　和雙魚座男生非常情意投合，而且生活中也會富有情趣。

3. 巨蟹座　和巨蟹男則顯得非常互補，更可以隨心所欲地行使家庭主婦的權力。

適合的相親裝扮：向來以性感神祕著稱的天蠍女，黑色露肩的（略微暴露一點點，只是一點點哦！）晚裝能顯得天蠍女更加迷人！

適合的相親地點：最近流行的餐酒館是挺適合的地點，能迅速使二人升溫，就算不搭調的話，也沒關係，在餐酒館裡，天蠍女總能很快的放鬆自如，度過愉快的一晚。

貼心小叮嚀：相親的時候也要體現淑女的一面，記得向你的對立星座金牛座學學她們溫婉的處事風範，會使天蠍女看來更親切。

第二章　AB型 ×12 星座全解析

性格氣質 —— 不鳴則已，一鳴驚人

　　AB型天蠍座人具有非常敏銳的洞察力，總是很輕易就可以感知他人的想法和意圖。他們內心冷靜，行事慎重，但是與此並存，在他們身上的是孩子般天真爛漫、渴望被關懷被愛的一面，無論年齡多大，都喜歡撒嬌來獲得最親的家人或愛人的關懷。但是一旦走到社會上，他們就會把這一面深深的隱藏，永遠得體公正。

　　AB型天蠍座人不喜捲入是非，總是遠離可能發生紛爭的地方，一旦覺得被侵擾，不會衝動行事，與O型天蠍座人強烈的愛恨表現不同，AB型天蠍座人會盡量的做出若無其事的樣子，以維持自尊和和平，不過心中會記掛很久。

　　AB型天蠍座人有如一座沒爆發的火山，外表看來是平靜、冷漠的，蘊藏在內心的卻是從表面無法窺測的巨大智慧與力量。當每個人都忽略他的存在時，他正在發揮銳利的洞察力及敏感的直覺。宛如靜靜盤踞在網中的蜘蛛，探索著整個世界，身上AB型人的冷靜、理性、孤芳自賞的氣質充分表露無遺。

　　AB型天蠍座人凡事除非有絕對的把握，否則不會透露半點痕跡。不鳴則已，一鳴驚人，最佳的寫照，保持長時間的冷靜和無時無刻的謹慎。由於自己跟外界之間，一道沉默的高牆擋住了解的通路，缺點、錯誤不易為人所知，同時，

對於長處和功績更是絕口不提。

AB型天蠍座人經常被歸為「冷漠」、「驕傲」的一類，成為被敬而遠之的對象，甚至極有可能被誤會，永遠得不到別人的歡迎。因此，周圍的氣氛總是特別冷淡，沒有來往的人群和知己。但是，一旦能夠突破這層障礙，就可以變成最值得信賴的朋友。

遭到朋友的背叛，是最無法忍受的事，AB型人的復仇意識和天蠍座的頑固執著相混合，會做出激烈的反擊。

金錢財運 —— 財運晚成

「大器晚成」是AB型天蠍座人財運的走向，因此耐心地等待，便成為致富與否的關鍵。別急著一夜之間發大財，財運並不會太早降臨在AB型天蠍座人身上。

AB型天蠍座人的財運是由心理的潛伏期決定，換句話說，仍然決定與外界保持有限度的距離時，想擁有財富並非易事，唯有敞開胸懷，方能迎門接福。而在這段隱忍煎熬的階段，時機尚未成熟，再多的盼望和追求也是徒勞的無功的。所以，AB型天蠍座人不如收拾起焦躁不安或自暴自棄的情緒，冷靜地看待周圍的暫時失敗，等待下次機會來臨，這也可說是人生中的磨練。

AB型天蠍座人財運集中在繼承方面的運氣，個性很適

合長輩的繼承條件，精明、機警、有自信，這些特徵往往使長輩願意將財富交付讓他管理，有一步登天的境遇。耐心地找到財神，耐心的付出，遲早會有收穫。因此，AB型天蠍座人抓住財運的首要任務，是擴大自己的信用及值得信賴的形象，當這些努力產生效果時，雖不見得大大致富，至少錦衣玉食的生活是唾手可得的。

愛情心語 —— 因愛而瘋狂

愛情，對AB型天蠍座人而言，是神聖且莊重的，唯有在跌入愛情的網之後，才會卸下重重保護自己的甲冑，讓心儀的人看見真正的自我，由此可見愛情在AB型天蠍座人心中所占的分量。由於平常神祕慣了，擁有戀情時更是遮遮掩掩，凡是約會必定選擇比較隱祕的地點，悄悄避開別人耳目。唯有如此，才能讓兩人的真情在黑暗及沉默中做出充分的溝通，愈是脈脈含情，無言相對，愈可以看出AB型天蠍座人用情的深刻。

AB型天蠍座人選擇對象的標準是迥異於一般人，姣好的容貌、身材、氣質等都有可能是缺一不可的條件。但也可能全部被拋置腦後，也許又僅憑一點心靈溝通的默契，甚至是會心的一笑，就能決定終身廝守的伴侶。這樣的愛情基礎並不算牢固，尤其常會發生單戀的悲劇，使得AB型天蠍座人更加無法向別人傾訴心中的痛苦，只好變得異常冷漠，讓

歲月治癒心中的傷痕，而對方可能渾然不知。

AB 型天蠍座人擁有截然不同的外表及內在，幾乎可以說個性有分裂為兩個極端的危險，呈現矛盾的一面。當愛情闖入寂寞的心扉，衝突無可避免地會更加明顯，若沒有 AB 型強烈理性的支持，極可能因愛而痴狂，過於衝動時傷害對方。

這種濃烈的感情被對方接納之後，原本的不愉悅及煎熬立刻就化成猶如蜜糖般的柔情蜜意，緊緊纏住對方的心房，徹底融化對方和自己，形成一個完整的個體，不再是分開的一個體。因此，熱戀的兩人因愛情發展成夫妻般的親密是可以理解的，旁人反而要因此大吃一驚呢！

AB 型天蠍座人戀愛時如此，離別時的痛苦更加濃烈，不僅酸甜苦辣都嘗盡了，有時還會轉變成憎恨及報復。天真地誤以為天下的異性都和離己而去的異性一樣，只不過是要玩弄欺騙自己罷了。

被偷走真心之後，要經過很長的時間，理智才會從過去的陷阱及創傷中找回自我，開始正常的生活。

婚姻家庭 —— 婚姻促進成熟

大概是老天有意讓對愛情愈畏懼，愈退縮的 AB 型天蠍座人，接受更多次失戀的痛苦，在踏入結婚禮堂之前，往往

第二章　AB型×12星座全解析

會有很多次戀愛失敗的經歷。

AB型天蠍座人不僅可能陷入單相思、三角戀愛等愛情陷阱裡，甚至不正常的畸戀亦不是新鮮的特例。這些痛苦的教訓，終於明白一廂情願的愛情根本不可靠。所謂心意通及靈魂契合，還需要選擇老實的平凡對象來得實在。

AB型天蠍座人通常結婚的對象都不是自己夢中的理想型，因為一旦愛情之火燃盡，剩下的灰燼再也點不起任何星火。最後還是會選擇理智型的婚姻，所以即使出現破綻或傷痛，也很難發展到離婚的邊緣。

AB型天蠍座人總結多次失敗經驗所尋找的對象，總是遠比姻緣尋求結合的例子更加可靠，婚後的幸福因人而異，但假如不死心，繼續在人海中漂泊，難免要一次又一次掉入失敗的深淵。

由於AB型天蠍座人的婚姻是慎重計劃的結果，經過理智性的決定，因此，這個新家建立在堅定的基礎之上，可以經歷時間的考證。無論任何一方，都以安定作為唯一的理想，家庭成了停泊的地方。無論男女，婚後都只重視親戚間的往來，鄰居朋友間反而顯得生疏，原因在於個性上對陌生人抱有戒心，不願隨意擴大交際圈，避免招惹是非。

為了回報對方的信賴，AB型天蠍座的男性是值得依靠的丈夫，以家庭作為事業之外的第二生命，絕大多數的人會

就此收起風流的天性，不再輕易掉入愛情的情緒陷阱，品嘗愛情的苦果，所以可靠。而 AB 型天蠍座的女性，則是忠貞的妻子，不會在家庭中爭奪地位，安份地守住這個避風港，任憑歲月來去也不後悔。

AB 型天蠍座人婚前婚後的改變，和個性裡反覆出現熱情及冷漠有著相互關聯的作用，婚姻如同鎮靜劑，使理性的一面明顯起來，而無法自我控制的衝動則逐漸退縮不見。

男女有別・AB 型天蠍男 —— 愈挫愈勇

AB 型天蠍男對愛情是有著完美主義傾向，非常理想化，注重心靈的溝通，對外貌則不一定有很高的標準。

AB 型天蠍男擁有超人的耐力和占有欲，加上 AB 型人敏銳的洞察力和分析能力，使 AB 型天蠍男總是能抓住商機，從一無所有到富甲天下。

在其奮鬥的過程中，即使碰到再大的挫折，AB 型天蠍男憑藉其靈巧的天性和再生能量，能一次次的重新站起來。往往商場上最後的勝利並不是看你一時賺了多少，有多風光，而是看承受挫折的能力有多強。

經歷了無數次高潮低潮的洗禮後的 AB 型天蠍男，最終總是能夠穩穩的站在他所在的行業的龍頭老大位置，壟斷一方。

男女有別・AB 型天蠍女 —— 獨行俠

AB 型天蠍女往往非常具有女性魅力，容貌嬌美，矛盾又善變，外表浪漫內心冷靜，不會輕易的投入到一段感情，是讓喜歡的男性非常捉摸不定的一型。

此型的人，就像一位披著神祕面紗的先知，讓別人看不清、猜不透，喜歡這種退居幕後，冷眼旁觀的角色，有時，難免讓人有心機沉重、狡猾的感覺。

AB 型天蠍座人最弱的一環就是個人主義和為人處事方面，因為你是個標準的獨行俠，向來不靠別人的幫助而完成工作。

事業成功 —— 謀定而後動

對 AB 型天蠍座人而言，長程的規劃是個很好的建議，基於有先做好計劃再訴諸行動的優良本能。若能認清自己的努力和能力，配合適當的工作，想出人頭地必收到事半功倍的效果。

由於 AB 型天蠍座人有性格沉穩的優點，所以應盡量避免跳槽轉行，努力卻中途而廢是一種得不償失的行為。堅守在同一個職位上，假以時日，必能有所成就。

穩當可靠的職業是最佳選擇，太富於衝擊性，挑戰性或藉助人際關係的職業都不理想，而工作活動性大、彈性空間

第三節　水象星座的 AB 型：
情感深流與感性邏輯（巨蟹、天蠍、雙魚）

寬廣的事業，諸如設計及藝術創作之類，都不適合。

因此，AB 型天蠍座人最好朝高深的專業領域發展，不但可以擁有穩定的收入，發展的潛力也無窮，前途看好，例如，醫師、心理學家、天文學家等，都屬於此類。

其次，像一般工藝品鑑定或偵探，也是不錯的選擇。除了獨當一面的工作之外，擔任領導者的工作也是步向成功的最佳途徑。跟人合夥的事業，擔任技術及規劃指導都很適合。

AB 型天蠍座人是第一流的專業好手，獲得成功的機率也增加了不少。

星座達人點撥

對 AB 型天蠍座的忠告

原則與真心須適當配合，不妨學習嘗試開放式的社交技巧。

加強人際關係，使為人處世更加圓融，用一點心即可拉近與別人的距離，化解誤會。

過分濃烈的感情，只會增加自己的痛苦及傷害，一旦感情發生變化，很容易造成遺憾事件，所以當衝突出現時，應保持 AB 型原有的強烈理性。

選擇一個穩當可靠的職業，才是事業的起點，眼光放

遠，全力發揮，必能成就一番事業。

別因全身心放在家庭上，而忽略拓展交際，良好的人際關係，反而更有助於家庭的幸福和諧。

個人的信用在財運中占了舉足輕重的分量，雖然屬於「大器晚成」的類型，仍應及早建立值得的形象，以耐心搏得相當的財富。

3、雙魚座（Pisces）

2月19日～3月20日

神話由來・象徵意義 —— 謎一樣複雜的雙魚

維納斯和邱比特有一次被巨人泰風（Typhon）所追逐，雙雙跳入幼發拉底河中，化身為魚逃走。密涅瓦（Minerva，雅典娜的別名）將魚化為星辰置於天上，以紀念這件事。另有一說是其為綑綁人魚仙女阿蜜妮坦（Aminitum）和希瑪（Simmah）的絲帶。

象徵著被絲帶相連繫的西魚和北魚。由於它是十二星座的最後一個星座，即包含了十二個星座進化的總合，是古老輪迴的結束，所以有著昇華透徹的靈，卻留有世俗無法割捨的欲；而這種靈與欲牽扯不清的矛盾，使得兩條魚變得像謎一樣的複雜。

雙魚座解密 —— 婚姻特點、男女祕技

即使血型不同,所有雙魚座的婚姻特點基本都是一樣的 —— 差異式。

魚魚不喜歡門當戶對,這種和諧太平靜、太順理成章,完全破壞了魚魚對婚姻的想像,讓他們在穩定的氛圍裡長吁短嘆。魚魚還是喜歡充滿差異、糾纏、矛盾的婚姻,這樣的記憶也許才會讓他們刻骨銘心,感受到婚姻的價值。

因此差異式婚姻非常適合魚魚,因為魚魚絕對相信,可以撫平差異的工具只有愛情,只要婚姻繼續,愛情就在。

雙魚座的婚姻特點大概一致,但是性別不同還是有些差異,誰是雙魚男的誘惑星座?誰適合做雙魚男的終身伴侶呢?

雙魚男星座瓜葛 —— 假意真情

雙魚男 vs 射手女 —— 假意

雙魚因為天生浸泡在海王星的世界中,他們天生具有非常人所及的包容力,當然也需要適時釋放這部分能量才能找到很「雙魚」的感覺。於是很多時候需要他人對雙魚產生傷害後,雙魚才能得到這種無私奉獻的滿足感。雖然雙魚會和很多人產生曖昧,但射手女是很氣概的,是不管不顧玩完就走人的那種。外人看來射手女很「沒人性」的行徑卻使雙魚男得到莫大滿足,沒辦法,誰讓雙魚是被虐狂呢。

雙魚男 vs 天蠍女

很容易濫情的雙魚需要身邊有個強勢的女人時刻鞭策著，才能看住他們不要三心二意，使精力集中在事業上，悉心地經營家庭。天蠍女極致的性感與強烈的性慾會使雙魚男人只要應付她一個便沒有精力再去應付其他女人，即便不留神招惹了路邊的花草，也只能看看而已了……柔弱的雙魚男人的確需要天蠍女來幫其支撐起婚姻大旗。

雙魚女星座探祕 —— 增加魅力

幻想奇特的雙魚女因其女人的天性，善解人意的性格，讓人有浪漫多情的印象。即使不同血型的雙魚女，嚮往詩意的人生和對魅力的追求比較獨特。

適合的相親對象

1. 處女座 處女男真誠而審慎，能夠理解、支持、尊重雙魚女。

2. 巨蟹座 巨蟹男在性格上與其有許多共同之處，彼此心照不宣、自然、和諧。

3. 天蠍座 天蠍男性對其會產生好感，並會用富有激情的愛打動她的心，而雙魚女也喜歡他的男性氣質和力量。

適合的相親裝扮：一身蕾絲花邊的粉色公主裙，能令雙魚越來越像童話人物，惹人愛憐，不妨多做此類打扮哦～波浪長髮更增加甜美浪漫的氣息，是人見人愛的小美人。

適合的相親地點：浪漫的咖啡館想必是魚魚喜歡的去處，不過缺點是容易冷場，如果碰到不對的對方，就會略顯尷尬，不過沒關係，魚魚們最擅長發揮隨時隨地做夢的夢想家本色，度過難關。

貼心小叮嚀：柔弱被動的雙魚，在相親的時候記得向對立星座處女座學學理性和自主的表達方式，才不致於因為情面而做了自己不情願的事情。

性格氣質 —— 溫柔富有彈性

AB型雙魚座人就是四重人格者。上一秒鐘才剛笑嘻嘻地浮出笑容，卻在下一刻中含淚哭泣；雖然主張冷靜的言論，不免有情緒脆弱之時，一再反覆不定的性情，也許可以說是AB型雙魚座人的一般傾向吧！

其複雜且多樣的行動模式，與其說是四重人格，還不如說他們是自由自在的獨行者更好。

無論被安置在何種環境中，AB型雙魚座人馬上就可以適應，絕對不會與人發生衝突，或者樹立敵人。

犧牲自己，成全別人；AB型雙魚座人充滿了溫和與體貼之情。受人之託，必忠人之事；不會拒絕人家的請託，願意為他人而到處奔走，自動擔當他人的苦勞。

神經比一般人還敏感，很容易看透人家的內心，只知付

第二章　AB型×12星座全解析

出、不求回報,是奉獻者的楷模。

AB型雙魚座人具有謙卑的美德,自我表現欲薄弱,無論何時都不會喪失和氣的態度與謙虛之心。秉持著寬弘的肚量,豐富的包容力,就像是大同世界的子民。

適應力強,溫柔而又富於彈性的態度,是AB型所共同具備的巧妙及與人相處之道。而且,雙魚座出生的人,因為其性情十分溫馴,難免會發生自我迷失的錯誤。受了四周環境的影響,因而迷失方向,失去了自己的原則。遇事缺乏明朗的態度,優柔寡斷、猶豫不決,讓人家有只想討好每一個人的印象。

由於無法控制自身內心的變化,而其個性又是多重性的;神聖與汙穢、善與惡等,交替在心中更迭衝突,理性的否定、感性的肯定,反反覆覆,使他們成為具有神祕魅力的人。

「優柔寡斷」是他們性格中極大的弱點,雖然可帶來安定及風平浪靜的生活,但是永遠無法使他們成為獨當一面的人物。

金錢財運 ── 人際關係決定財富數字

AB型雙魚座人掌握一生財運的要素便是平日的人際關係,人際關係愈好,財富的數字也隨之增加。一般而言,他

第三節　水象星座的 AB 型：
情感深流與感性邏輯（巨蟹、天蠍、雙魚）

們對金錢很容易滿足，豐衣足食、全家溫飽是他們的願望，而且通常都能順利達成。他們總是把現實想像得比較美好，他們的腦筋其實動得挺快，只是因為沒有理財計畫，只在意當時的感覺，所以投資獲暴利的機會並不大。

但是想進一步獲得更多的金錢，他們的揮霍無度就是最大的障礙。若想擁有偏財，唯有靠自己個性上的優點，使朋友和事業夥伴成為後援。

AB 型雙魚座人不適合在現實競爭社會中打拚，因為他們個性溫柔，不會拒絕別人，通常都會被別人利用。因此如果 AB 型雙魚座人想在事業上獲得成功，最好多少抱一點「防人之心不可無」的心態，才不會吃虧，宜選擇藝術性的工作。

A 型雙魚座人一生的運氣和成功，跟朋友的關係很大，因此在擇友方面一定要小心慎重。

愛情心語 —— 傷人傷己的愛情

AB 型雙魚座人是個至情主義者，愛情至上，只願奉獻自己的高貴情操，而沒有占有或奪取的強橫欲望，只希望一心一意地愛人及被愛，不願任何雜質或欲望摻入感情。

對 AB 型雙魚座人而言，玩弄感情或對愛情不忠，是不可饒恕的錯誤。一旦墜入愛河，便會整個人投入其中，用溫文爾雅的方式表達自己濃烈的感情。

遺憾的是，由於生性內向，他們缺乏表現自己的勇氣，縱使是傾心痴戀某位異性，也絕對不會主動追求對方，企圖吸引意中人的注意力。

由於他們慣於將心比心，所以對於別人的愛情也同樣難以拒絕，因為害怕傷害別人而不敢向自己不喜歡的人說不，這是 AB 型雙魚座人經常陷入三角戀愛的主因。

愛情是他們生命中的轉捩點，為了愛，自己往往會發生盲目犧牲的錯誤，愛慕對方而不敢說出口，是他們受傷的最大來源，而無法拒絕別人，則是他們讓別人帶來痛苦的另一個原因。

婚姻家庭 —— 因愛而婚，因愛而分

AB 型雙魚座人的婚姻基礎及擇偶條件非常簡單，就是愛情兩個字，沒有愛情，即使對方是潘安再世，又有萬貫家財，仍然不會滿足。

結婚之後，此類型的男性大部分都是溫柔體貼的好丈夫，女性則會因家庭而重新界定自己賢妻良母的標準，日常生活即使缺乏起伏變化，夫妻兩人也能在平淡的幾句話裡體會出深濃的款款柔情。一旦兒女出世，愛情的結晶無疑將使婚姻進入更醇美的世界。

這段蜜月期可以持續很長一段時間，假如沒有意外發生，他們的婚姻永遠是旁人羨慕的對象。AB 型雙魚座人比

其他血型星座更容易發生婚外情，主要的原因在於中年之後他們的風度氣質正是一般人最欣賞的類型。又因為天生的優柔，對刻意的甜蜜缺乏抗拒的力量，即使明知是陷阱，也無法克制，所以往往造成不幸事件。

在面對傷心欲絕的伴侶，AB 型雙魚座人更因為歉疚而想自我懲罰，所以形成不可收拾的地步，受到持續的傷害，便是他們在多數時候的結局。

男女有別・AB 型雙魚男 —— 神祕魅力

AB 型雙魚男是反覆不定的性情，也可以說是 AB 型雙魚座的一般傾向吧！AB 型雙魚座男絕對不會自矜自持，他們身上的美德顯而易見，自我表現欲薄弱。

但是個性又複雜，壓抑和衝動時常在內心起伏，行為舉止在不同的人們面前顯露的不一樣，因此，當大家在一起談論到他的時候，最大的印象就是神祕感。

AB 型雙魚男的行為一般不會引起誤會，但是過於反覆，則會讓人產生不喜歡的感覺。

男女有別・AB 型雙魚女 —— 低調溫婉

AB 型雙魚座女生雖然氣質上仍有著雙魚座的浪漫和女性化，但頭腦有著 AB 型人的冷靜理智。加上雙魚座的女生

本來就都喜歡強勢的對象,所以她們挑對象的時候,一定會找有一定身家和實力的人。

她們本身的愛情 EQ 也非常高,很會製造浪漫的氣氛和感覺,會吸引到她們想要的人。另外,AB 型雙魚女比較低調溫婉,行事說話都讓人感覺非常舒服,所以容易得到對方家長的喜歡和首肯,幸福美滿的婚姻對她們而言不是很困難的事情。

事業成功 —— 適合平淡平實的工作

對 AB 型雙魚座人而言,競爭性強、講究效率速度及方法技巧的工作是最危險的抉擇。他們天性便是安於現狀,只求一個平淡平實的未來,厭惡勾心鬥角。因此,一般商業及部分競爭激烈的服務業並不適合他們。

如果因為受到環境的限制,AB 型雙魚座人在毫無選擇餘地的情況下,躋身於跟別人競爭的工作裡,慎選工作夥伴是重要的先決條件。而且必須在起步之前便立定志向,學習不輕易妥協和絕不放棄的精神。適合他們的工作大都和文化及社會服務有關,在這些行業中,沒有太多工作壓力,而且適合 AB 型雙魚座人的氣質。

比如,美術、音樂、自由創作作家,以及各種設計工作,這些職業可以在自由的狀況下逐漸展現才華,最適合他

們內斂型的性格。

另外，醫生、護士、慈善工作等角色也符合他們善良溫柔又願意奉獻自我的本能，更能從中獲得人生的樂趣。

星座達人點撥

對 AB 型雙魚座的忠告

拋除畏首畏尾及無謂的客套；要培養自信，明白地表達自己。

需要鍛鍊自己的決斷能力，避免優柔寡斷，關鍵時刻拿不出辦法。

不要認為團隊內的所有人都是朋友，爛好人是不會被重視的。

和朋友貴在交心，真誠待人，會有好的回報。

在愛情上需要懂得克制，千萬不要腳踏兩條船。

忠於婚姻，忠於家庭的 AB 型雙魚座人會取得事業和婚姻的雙豐收。

第四節 土象星座的 AB 型：穩重外表下的自我宇宙（金牛、處女、摩羯）

1、金牛座（Taurus）

4月20日～5月20日

神話由來 • 象徵意義 —— 外柔內剛的金牛

傳說素以風流著稱的眾神之王宙斯看上歐蘿芭（Europa，後來化為歐洲），為了避開赫拉的耳目，自己化身為白牛，將歐蘿芭駄在背上，以遂其所願，事後宙斯又恢復原形，將他的化身大公牛置於天上，成為眾星座之一。

金牛座象徵著穩重、堅定的信念，不為外力所動的耐力與持久力。他們的行動緩慢、溫和，外柔內剛的近乎於頑固。

第四節 土象星座的 AB 型：穩重外表下的自我宇宙（金牛、處女、摩羯）

金牛座解密 —— 婚姻特點、男女祕技

即使血型不同，所有金牛座的婚姻特點基本都是一樣的 —— 分帳式。

金牛座的安全感永遠不會來自於精神層面，他們需要物質在手，讓固定的財富作為心理的支點，撐起自己的穩定生活和內心的安全感。

所以分帳式婚姻再適合金牛座不過，即使在共同的婚姻中，金牛們照樣可以明確的知道自己的收入和支出。不必為婚變恐慌，更無需讓心情隨著愛人的情緒擺動，情感上的獨立首先是從經濟獨立開始。

金牛座的婚姻特點大概一致，但是性別不同還是有些差異，誰是金牛男的誘惑星座？誰適合做金牛男的終身伴侶呢？

金牛男星座瓜葛 —— 假意真情

金牛男 vs 天蠍女 —— 假意

儘管金牛男的生活重心是安定的家庭與富足的收入保障，但他們也畢竟是慾望深重的族群。平淡的夫妻生活對於金牛男而言漸漸變成對妻子的回報與責任，而他們內心卻更渴望感官的強烈刺激來讓自己更有活力。深沉的天蠍座最會吊足金牛的胃口，為平淡的情侶生活製造很多艱辛感，令金

牛男感覺到與天蠍女建立親密關係非常不易，儘管不能時常相聚，但每一次都讓人意猶未盡，欲罷不能。

金牛男 vs 巨蟹女 —— 真情

由於金牛是月亮的上升星座，而月亮又是巨蟹座的守護星，所以缺乏安全感的巨蟹女人在老實忠厚的金牛男人這裡，可以得到十足的安全感。當然也會敞開心扉願意為金牛男人完全奉獻自我，甘願做一個盡職盡責的賢妻良母。而金牛男是很需要物質財富來挺起自己的肩膀，巨蟹女默默的奉獻金牛男人一個相當溫暖的港灣，金牛男當然願意與其組成家庭。

金牛女星座探祕 —— 增加魅力

做事有計畫的金牛女因其女人的天性，穩紮穩打的性格，讓人有勤儉持家的印象。在這個物質第一的社會，金牛女以其獨立的理財技巧讓大家刮目相看。即使不同血型的金牛女，也擋不住對她們對個人魅力的追求。

適合的相親對象：

1. 金牛座 該座男生能彌補金牛女性格上的空白，儘管共同生活中難免會有些磨擦，但和諧的生活會得到精神上的平衡。

2. 魔羯座 是和金牛座志同道合的男生星座哦，在工作上會互相幫助，在生活上會互相體貼、照顧。

3. 處女座 和細心的處女座男性結合,能建立穩定和幸福的家庭裡。

適合的裝扮:古典端莊的金牛座最適宜淺綠色浪漫小洋裝,能夠改變本身較為呆板的個性,顯得更加甜美可愛,披肩長髮更楚楚動人。

適合的相親地點:環境奢華的酒店,比較能滿足金牛座奢侈和高雅的審美品味,另一個好處是,如果不滿意相親對方的話,可以趁補妝之機,在酒店周圍轉轉。

貼心小叮嚀:相親的時候要多意小細節,記得向你的對立星座天蠍座學學她們神祕大膽的處事風格,偶爾展現一點小小嬌慵性感很是加分。

性格氣質 —— 過於冷靜,缺少人情味

AB型金牛座人多半傾向現實,重視實際利益,而 AB型則屬於理性主義至上冷靜型,兩者配合起來,則是沉著、思考周密,絕對不容許自己有任何輕率、意氣用事的事發生。

雖然 AB 型金牛座人過於理性,缺乏人情味,重視實際利益,但也絕非無情,反而是充滿愛、溫情的多情之人。儘管外表看起來很理性,難以親近,但事實上絕對可以稱得上是個面惡心善,且人情味十足的人。

與 AB 型金牛座人初識時,往往會覺得既嚴肅又難以接

近。凡事思考過於周密，讓別人覺得無法深交，進入內心世界。正因為如此，別人也無法明瞭 AB 型金牛座人的內心是如何溫暖而又多情，這是令人相當遺憾的，若是因此錯失交朋友的機會，跟許多原可以成為知交的人失之交臂，那豈不是很可惜？所以，建議 AB 型金牛座人收起類似撲克臉的表情，多多微笑，讓別人走進心扉。

AB 型金牛座人，是個很崇高和平的人。無論在何時，都會微笑著面對這個世界，最厭惡的事，就是以暴怒迎人，不過別因此就認定自己是個不易動怒的好好先生，若是侵犯到內心的平靜，也會據理力爭，絕不會輕易屈服。

由於豐富、多感的心思，此類型人對美及藝術也有自己獨特的鑑賞力。對任何事情都有興趣去了解、學習，不過這些興趣大都和現實利益有所關係，這是金牛座現實性格的表露。

AB 型金牛座人不能太死腦筋，許多事不妨變通一下，會更完善。

金錢財運 —— 會守財便能致富

AB 型金牛座人，財運一向甚佳，能否成為大富大貴的人另當別論，不過絕無貧困的可能，只要擅於利用錢財，一樣也可以擁有穩定的財富。

財運佳並不代表有發橫財的命，或是像暴發戶那樣一夕

第四節　土象星座的 AB 型：
穩重外表下的自我宇宙（金牛、處女、摩羯）

致富，而是說財運穩當，假如能守財、儲蓄、便能致富，相反地，如果恣意浪費，則注定難逃貧窮的命運。

事實上，AB 型金牛座人財運之所以不錯，還有一個蠻有趣的原因。如果有人問，他們的嗜好是什麼，大概會說是收集。至於收集什麼，當然是值錢的東西，比方說鈔票之類。別因此覺得他們好像是個見錢眼開的守財奴，他們除了安定生活所需，存摺有一定的數字之外，並別無所求，更談不上貪心。

財運不錯也不代表 AB 型金牛座人有偏財運，所以，絕對不要從事投機事業，更要戒除賭博的習慣。天下沒有不勞而獲的事，實實在在努力才最重要。

AB 型金牛座人經濟觀念發達，對事物的占有欲很強，這，些心態大概是由於金牛座的人時時要求自己的生活安定和平。而經濟的穩定是使生活安定的一大要素，也難怪會有如此心態。

如果 AB 型金牛座人在經濟上出了問題，那麼，他的情緒就變得冷漠，顯得任性而情緒化。

愛情心語 ── 和風細雨的愛情

AB 型金牛座人，排斥過於激動的熱情或是盲目的愛戀，因為這有違追求平和的本性。喜歡細水長流式的感情，不相

信一見鍾情式的情人。

由於害怕過於激烈的變化,所以會選擇已經非常了解的熟人為戀愛對象,唯有如此,才能確保無失戀之苦。而換個角度來看,也唯有如此,才符合以平常心看待人生的平和人生觀。

AB型金牛座人一般的愛情模式是彼此因相識而長久相處,從中觀察了解之後進而更深一層交往,而此時彼此已無需客套,不用偽裝,只要用一顆心真誠相待。唯有在這種和諧的氣氛下,才能兩顆心真正結合,為攜手進入禮堂奠定深厚的基礎。

由於無法接受過於激烈的愛情方式,所以很少會積極主動地展開攻勢。嘴上雖說不在意,其實內心相當認真。

如果因此失戀,通常會裝出不在乎的樣子,而實際上,真誠易感的心卻早已碎得一片片,再也難以彌補,而有些AB型金牛座人,因占有欲過強,愛人離去的時候,將出現憤怒不平的情緒,並萌生報復之念,導致悲劇的結果。一般而言,要求安定,不會自找麻煩去愛上有家庭的人,發生畸戀的機會微乎其微。

雖然對性抱有好奇之心,也有許多憧憬,但若是感情不夠成熟穩定,就不會輕易去碰它。而一旦有了深厚的感情基礎,AB型金牛座人會恣意去享受激烈、深情的性生活。AB

型金牛座人在性方面表現得特別謹慎,在獻身之前必經一番深思熟慮,但是要注意,不要流露出這種心思,否則,表現得太明顯,只會讓愛人遠走高飛。

婚姻家庭 —— 精神,物質生活均得當

AB型金牛座人在經過愛情的洗禮之後,並不因此對婚姻懷有過分美麗的憧憬,相反地,會更實際的去考慮婚後的生活計畫。

在結婚之前會為婚姻做各方面的客觀性評估。簡單地說,AB型金牛座人是個既追求愛情,更覺得麵包重要的人。盲目為愛情結婚而導致一生不幸的情形,絕不會發生在AB型金牛座人身上。如果說有人能在愛情的漩渦中,保持眾人皆醉我獨醒的態度,那麼那個人必是AB型金牛座。通常,會把愛情和婚姻看成兩回事,也會有過愛的迷惑,但終究你會選擇樸實無華的婚姻,平靜地走完一生。

能夠嫁給AB型金牛座人,無論男女,都會是個好丈夫和好妻子,是個可靠的伴侶。AB型金牛座人的一生,可說都在為伴侶、為自己追求精神,物質雙方面的安定與富足而努力。

AB型金牛座人是個不失赤子之心的人,即使婚後數年,已身為人母或人父,仍不改新婚時的深情。並且時間愈久,

反而愈見真情。會盡力保持家庭的明朗氣氛，其實簡單而言，是因為不願家庭有任何不快，或是曖昧的成份存在。

為了保證家庭的完整，會和對方緊密結合至死不渝。當有任何裂痕產生時便極力彌補，尋求溝通的可能。AB型金牛座人性格中，原本就存有理智和情感相互衝突的因子，雖傾全力維持家庭的和諧，但卻又無法克制自己想要出軌一下的念頭，不過終究僅止於「念頭」而已，理智仍會阻止它的發生。

在子女逐漸長大成人之後，或AB型金牛座人許覺得許多該盡的責任都已圓滿完成，所以想風流一夕的念頭又油然而生，此時若是不能一本愛護家庭的初衷，維持原本幸福美滿的家庭，便有可能發生一生努力毀於一旦的悲劇。

仔細追根究柢來看，這種情況的發生是來自性格中任性因子在作怪，所以應多加小心預防，別輕易受到誘惑，陷入萬劫不復的地步。

男女有別・AB型金牛男 —— 冷靜沉著

現實至上的金牛座，以其實在的性格配合AB型人合理性的氣質，所謂輕率、血氣之勇等錯誤行為將不可能發生。

雖是現實至上主義者，但也有溫暖多情的一面，兼具有血有淚的溫情主義者。因此，AB型金牛座人性格雖然穩定沉著，不易隨便動搖，但也不是無情的冷血動物。

第四節　土象星座的 AB 型：
穩重外表下的自我宇宙（金牛、處女、摩羯）

　　AB 型人通常因過於理性而缺乏人情味，幸好金牛座出生的人具有豐富的人情味，雖被一張「理性」的面紗遮掩著，仍然看得出 AB 型金牛座人的本質屬於情感派。

　　但是，一次或二、三次的交往，可能僅止於表面，而不易感受深沉的感情一面。AB 型金牛座人讓周圍人感覺的印象，第一是嚴肅而沒有通融的餘地，第二是太過周到，而使人不易接近。

男女有別・AB 型金牛女 ── 敏感，富於知性

　　AB 型金牛女有與眾不同的感覺，讓人有神經纖細敏感的印象，富於知性。優點是言辭相當謹慎，絕不出錯。有時候談起話來很嚴厲，主張很強硬。使得剛接觸的人覺得很不適應。

　　行動縝密、合理，但不顧大局，偶爾以自我為中心。

　　喜歡呈強烈對比的衣服，對於不協調的衣服認為比較容易搭配。有時穿得很規矩，有時又很邋遢，很極端，選擇服飾以色彩搭配為主。

事業成功 ── 有專業技能必能大放異彩

　　AB 型金牛座人如果能擅加利用敏銳的判斷及理智，再加上吸收知識的卓越能力，從事專門技術的工作，或是特殊

的技能，必能一展才華大有的為。

雖然能力超群，但是並非每種事業都適合，大致而言，有關「美」的行業，可以有所發展，例如音樂家、畫家、庭園設計、廚師、裝飾品銷售等，都很值得一試。

此外 AB 型金牛座人重視經濟概念的性格，能讓在金融機構中有所發揮，由於很有經濟頭腦，總是能在工作上游刃有餘、如魚得水。如果能拿出魄力從事投資、實業、資本等，成功的希望也相當濃厚。只要眼光正確，必能帶來可觀的財富。

一旦讓 AB 型金牛座人達到目標之後，那麼就能一直維持不敗的運勢，而成功的最大利器，便在於是否能持之以恆，長期抗戰。

要避免中途更換行業，尤其是中年之後，更不可有跳槽的舉動，但是可以從事多角化試驗，或是擴大經營範圍，都有致富的可能。

星座達人點撥

對 AB 型金牛座的忠告

勇敢揭開面紗，讓別人走入自己的世界，了解內在。

綜觀財運可說是相當穩定，只要儲蓄，想要致富輕而易舉。

認定值得去愛的對象，就大膽表白吧！愛情稍縱即逝，要好好把握一次機會。

由相親的方式，可能會尋得一位真正的伴侶，兩人白頭偕老、互相扶持，但是，安分守己才能減少對婚姻中的風波及危機。

一開始就選定目標，堅定不移，是成功的保證，不要一有不滿即輕率辭職，好好在一個工作職位上力求表現，累積實力，終有一天會大放異彩！

2、處女座（Virgo）

8月23日～9月22日

神話由來・象徵意義 —— 自我壓抑的處女

根據羅馬神話，處女座又名艾思翠詩（Astraes），為天神宙斯的女兒，是正義女神。黃金時代末期，人類觸犯了她，於是大怒之下回到天庭。處女座象徵著講求實際、腳踏實地和自我壓抑的性格。

處女座解密 —— 婚姻特點、男女祕技

即使血型不同，所有處女座的婚姻特點基本都是一樣的 —— 週末式。

週末式婚姻是一種新鮮的婚姻形式,即男女雙方結婚,在法律上是夫妻,但在週一到週五的工作日,住各自的房子,過各自的單身生活,只是在週末聚居在一起。

處女座的婚姻很容易在日常的瑣碎裡糾纏到窒息,所以給予處女座一個想像和空閒的時間,就像對婚姻注入了新鮮的氧氣,說不定處女座會在婚姻裡找到真正的感覺。

處女座的婚姻特點大概一致,但是性別不同還是有些差異,誰是處女男的誘惑星座?誰適合做處女男的終身伴侶呢?

處女男星座瓜葛 —— 假意真情

處女男 vs 雙魚女 —— 假意

糊塗的雙魚座本來就容易為對方付出太多,哪怕只做情人都可以接受,甚至能犧牲自己,幫助男人矇騙正牌夫人。這對於處女座而言再合適不過,因為處女座雖然對待知識嚴謹,但是他們需要的是「對方找不出理由來反駁」,便覺得自己可以矇混過關。雙魚女人的溫柔與服帖可以滿足處女男自信心,而暗示性的相處方式又滿足處女男的疑問,做出一副「完全什麼都沒發生過」的假象,讓處女男釋放激情時毫不忐忑,心安理得。

處女男 vs 獅子女 —— 真情

處女男通常是需要一個有些強勢的大女人在自己身邊。因為自己對待問題太過嚴謹,很容易被很多事情的細節牽

第四節　土象星座的 AB 型：
穩重外表下的自我宇宙（金牛、處女、摩羯）

絆，而不能放眼展望大局。因為處女男很重視事業，希望自己能在工作中表現優異從而逐漸穩固自己的一片疆土，於是獅子女便成為處女男背後指點江山的女王。獅子女能從大局著眼，在處女男拘泥於細節不能自拔時，獅子女一發雷霆，處女男眼界就放開了，處女座男人需要這樣的女人做老婆。

處女女星座探祕 —— 增加魅力

自尊心極強的處女女因其女人的天性，追求完美的性格，讓人有不留情面的印象，然而不同血型的處女女，她們對魅力的追求和美的刻劃卻是更上一層樓。

適合的相親對象：

1. 雙魚座 雙魚男性情都很溫和，和處女女會相處得很好，過著相敬如賓的和諧生活。

2. 金牛座 和金牛男在一起，會建立一個美滿舒適的家庭，並會有爭光的孩子。

3. 魔羯座 魔羯男也是非常適合的選擇，會同心協力為遠大的生活目標而努力，持久不變的感情會永遠幸福。

適合的相親裝扮：追求完美的處女女採用格紋長裙很顯身材，粉色披肩更彰顯女人味。好感度絕對大增！

適合的相親地點：公園漫步，很能使理性的處女女變得感性，也更加體現出處女女溫情浪漫一面。

貼心小叮嚀：相親的時候要改掉過於追求完美的壞習

慣，記得向對立星座雙魚座學學她們溫柔夢幻的甜美氣息，會使處女顯得更加美麗。

性格・氣質 —— 循規蹈矩，一絲不苟

　　AB型處女座人做什麼事都要先訂詳細的預定表，把所有的資料都收齊再說。如果稍有遺漏，他們便會心中不安。

　　AB型處女座人由各種角度對計畫加以分析，才會付諸實行。對細微的錯誤毫不放過，這樣旺盛的批判精神，正是AB型加上處女座才可能有的情況。

　　AB型處女座人的神經構造，就如棋盤般整然地排列，當然他們是適合實務處理的，對現實的應對能力也是超群的。

　　AB型處女座人在踏入社會之後，將是各行各業的熱門人物，每個公司都搶著要這位人才，由於細心及自我要求，總是在工作上力求完善，自然使上司讚賞有加。

　　AB型處女座人對事情的應變能力頗強，處理事務的能力也是一流的，對於突發的狀況通常能應付得當，不留破綻。

　　不過，由於過分執著於自己的原則，總讓人有一種嚴肅古板、不通人情的印象，對別人要求嚴厲，常會讓別人承受不了，因此得到的批評自然也不少。所以，應注意自己平時的態度，千萬注意要客觀公正。

　　AB型處女座人有一件不為人知的小祕密，在冷漠的外

第四節　土象星座的 AB 型：
穩重外表下的自我宇宙（金牛、處女、摩羯）

表下，內心卻充滿幻想。獨處時有著屬於自己的夢，喜歡把自己的房間裝飾得漂漂亮亮，成為個人的小天地，喜歡不同的房間擺設，也常常把家裡粉刷成色彩豐富的童話王國。

這些都是外人不易發現的一同，原來，AB 型處女座人也是個注意精神享受生活品質的人，深交之後，不難發現 AB 型處女座人有一股來自家庭的溫馨感。

其實，只要把內心世界稍微呈現出來，綜合一下剛硬的外表，會顯得更迷人，別人會驚嘆 AB 型處女座人竟是一個如此有內涵的人。

金錢財運 —— 財運欠佳，規矩謀生

AB 型處女座人財運並不佳，最主要的原因在於對任何事情都有潔癖，甚至連金錢都認為是不乾淨的東西，在這情形下，財運當然旺盛不起來了。

AB 型的人，多半存有一種觀念，認為錢財乃身外之物，花那麼多時間去追求簡直是愚蠢的行為，寧可把金錢花在精神生活的享受上。而處女座的人最討厭別人不務正業，只想靠賭博發財。認為每個人都應憑真本事去賺錢，投機取巧所得來的不義之財，是最汙穢不過的事。

這兩種性格綜合起來，AB 型處女座人的確只適合規矩從事一項工作了。一般而言，讓人有種清廉耿介、公私分明

的印象。

一生雖不會大富大貴，但維持基本生存的條件還是有的，因為，AB型處女座人多少都具有賺錢謀生的本事，從不夢想有朝一日能過著榮華富貴的生活，只想擁有簡單安逸的日子。

年輕的時候，AB型處女座人會預先儲蓄以做為養老基金，而踏踏實實工作存錢正是日子穩當的辦法，理財方式可說是相當穩健。應謹防小人的陷害，因為一旦掉入陷阱，出了問題，很可能淪入萬劫不復的地步，背負上鉅額的債務。

愛情心語 ── 自顧自美麗

AB型處女座人感情世界清純有如朝陽下的露珠，更有如山谷中的百合花，拒絕一切褻瀆神聖愛情的觀念。AB型處女座的愛情屬於被動型，所以，即使喜歡某個人，也不會輕易表現出來。有時，甚至自憐自嘆，獨嘗相思之苦，但表面上卻又裝作若無其事的樣子。或是刻意迴避對方，一副毫不在乎的樣子。

AB型處女座人不但不願意表現出自己喜歡某一個人，還暗中觀察對方的一舉一動、一言一行，一定要在確定對方值得自己愛的時候，才表達愛意。

雙方經過溝通之後，兩人必定是經過一段青澀歲月之

第四節　土象星座的 AB 型：
穩重外表下的自我宇宙（金牛、處女、摩羯）

後，維持一段相當長的時間，才能有更深一層的了解，交往逐漸熱起來，進入熱戀階段。

AB 型處女座人在戀愛過程中最常見的事，便是隨時求證愛情是否合乎自己的理想，所以，會讓對方經歷許多的考驗，且這些考驗都是無形的。嚴格而言，能成為終身伴侶，必是經過千錘百鍊，兩人的結合堪稱曲折。

處女座的人，多多少少都有些潔癖，而崇尚精神戀愛的 AB 型處女座人，由於理性勝於情感，更難以坦然接受肉體上的接觸。一般而言，AB 型處女座人從精神戀愛到發生肉體關係，都必須經過很長一段時間，少女的矜持、羞澀會一直持續到婚前。

婚姻家庭 ── 美滿婚姻應謹慎經營

AB 型處女座人對於結婚對象的挑選非常嚴格，在選擇對象的時候，會把評價事物的能力發揮極致。從經濟能力到社會地位，從日常生活細節到為人處事，都列入考慮的範圍，可說是不會有所遺漏。

如果 AB 型處女座人是經由相親而結婚，那麼相親過程必定不簡單，對方除非是經得起大小考驗，否則很早就會被淘汰出局。

而一旦決定結婚後，婚前準備的功夫必定十分周到，從

訂婚到結婚之間也必須有一段計畫。假如正在此時AB型處女座人發現對方有不可原諒的毛病時，即使已走入禮堂，也會毅然地退婚，不顧家人及朋友的勸阻，也絕不讓對方有改過的機會。

AB型處女座的男性，婚後會是個體貼顧家的好丈夫，而女性則能克盡妻子的義務，照料好家庭的大小瑣事，溫柔地對待丈夫，重視孩子的教育。AB型處女座人婚姻生活會因自己的努力，猶如少女、少年時代所幻想的那般美麗。

即使上了年紀之後，仍不改初衷，一心維繫婚姻。夫妻之間的感情，甜蜜有如新婚燕爾，令人羨慕不已。

不過，有一點值得憂慮的是，AB型處女座人有專屬於處女座好批評的性格，有時候日常一些雞毛蒜皮的小事，都想要和別人分辨出輸贏。

這種性格難免煞風景，破壞了和諧的氣氛，而且，好辯讓人的第一印象通常都會流於尖酸刻薄、度量狹窄。夫妻之間的裂痕也常因此而起，宜多加小心。

雖然，此型的人因好辯的性格而演變成離婚的情形較不常見，但是，如果想要維持婚姻生活的美滿，還是應謹慎經營。

第四節　土象星座的 AB 型：
穩重外表下的自我宇宙（金牛、處女、摩羯）

男女有別・AB 型處女男 —— 求穩不求快

AB 型處女男，是矛盾的綜合體。他們同樣感知敏銳、情緒多變，不過這一切都隱藏在恆溫的完表之下。有些 AB 型處女男顯得含蓄平靜，另一些 AB 型處女男則會表現出豪爽活潑的個性。不過，無論是外向型或內向型的 AB 型處女座男人都很好學、謙虛，也會願意將自己的心得與他人分享。

他們有著 AB 型結合處女座之後優異的精算天賦和分析力，也有著不露聲色隱藏式的挑剔。因為需要充足的安全感，AB 型處女座男人在一生中不斷追求著一種經濟上或事業上的穩定性，不會衝動行事，求穩不求快。他們更願意成為一個配合者或執行者而不是領導者。

男女有別・AB 型處女女 —— 純淨的靈魂

AB 型處女女對於風度優雅、儀表出眾的異性容易心生好感。但是 AB 型處女女決定愛對方之前，先會觀察評估很久，看對方是否表裡如一。

她們在愛情中足夠挑剔，所以，戀人必須擁有出眾的內在美和純淨的靈魂，以經得起她們近距離的審視。雖然 AB 型處女女一開始會在愛中有所保留，但她們一旦得到安全感，就會給予對方以坦誠、體貼、細膩又毫無保留的愛。

容易害羞的 AB 型處女女，在和異性相戀時日之後，有

第二章　AB型 ×12 星座全解析

時仍會莫名其妙地臉紅心跳。說起來,大概是由於你響往精神戀愛的關係吧,再加上你總是把愛情幻想成童話中的故事,就更不可能和現實世界的感情連繫起來。

事業成功 —— 獨立擔當的工作更能成大事

AB 型處女座人最好是選擇可以用自己冷靜的分析力,以及富於理性、知性的工作,而且最重要的先決條件,是要能夠獨立作業。

由於步調極快,想和別人配合時,往往會覺得掣手掣腳、伸展不開,成功的機率也相對降低很多。更重要的是,AB 型處女座人是個很怕吵的人,一旦受到干擾,就真的成不了事,所以應盡量避免。

有一點要提醒,在求學時代應多花些工夫準備考試,如果能在此階段取得所需要的知識或學位,將會一生受用不盡,增加成功的機會!

適合的職業有經理、稅務員、會計師、銀行職員、祕書等。但最好是選擇需要動腦的工作,如翻譯、通訊、記者、評論家、製作人等,都能有所發展。

AB 型處女座人大都能兼顧副業,不妨找些有興趣的工作,相信必能有意外的收穫。

第四節　土象星座的 AB 型：
穩重外表下的自我宇宙（金牛、處女、摩羯）

星座達人點撥

對 AB 型處女座的忠告

養成不拘泥於眼前事物的遠大目光，並注意精神的適度放鬆。

本業所賺的錢，用來作為生活費，副業所得最好能全部存起來，這樣比較穩當。

別太執著於理想中的愛情，童話式的愛情並不多見也不真實，現實中的愛情應是兩人相攜共走人生的旅程。

多一點溫柔，少一點批評，婚姻必能避免裂痕的產生。克服個性上的缺陷，畢竟婚姻是為了使自己成長，也豐富對方的生命。

尋不到很好的合作夥伴，及早獨當一面，創立自己的事業，更有利於人生的發展。

打開自我世界，讓別人來分享豐富的精神生活，會發現自己並不寂寞。

3、摩羯座（Capricorn）

12月22日～1月19日

神話由來・象徵意義 —— 刻苦耐勞的摩羯

漢密斯的兒子潘恩是半神之一，半神雖不如天神，但卻仍遠比人類卓越。牧神潘恩的醜，是連母親也嫌棄，他頭上長有山羊的耳朵和犄角，上半身是長毛的人形，下半身卻是山羊的姿態，他最喜歡音樂，經常吹奏自己所制的葦笛。有一次，諸神在尼羅河岸設酒宴時，突然出現一個怪物，諸天神都大驚失色，變成各種形態逃進河中，潘恩也急忙跳進水中避難，但由於過度驚慌失措，而無法完全變成一條魚……這就是「摩羯星座」的由來。

摩羯座也叫山羊座，但事實上又不是純正的羊，而是羊頭魚身的一種動物，複雜性可見一斑。摩羯座象徵著有山羊的毅力、刻苦耐勞地朝向更高層次，而內在的非理性情緒，也許是哲學性或潛在的感情部分，則要留住另一半。

摩羯解密 —— 婚姻特點、男女祕技

即使血型不同，所有摩羯座的婚姻特點基本都是一樣的 —— 合約式。

第四節　土象星座的 AB 型：
穩重外表下的自我宇宙（金牛、處女、摩羯）

摩羯座的內心並沒有隱藏過多的激情，對於婚姻中的情感和浪漫部分，多數的摩羯座是麻木並且沒有學習能力。

所以他們需要的是一份合約，可以約束自己行為，鞭策自己無論如何都不能放棄婚姻的合約。當然，摩羯座不是只為別人負責而不考慮自己的高尚人種。相反，合約式婚姻可以讓摩羯座在婚姻中，體嘗到難得的歸屬感，他們就需要一個框架，來讓自己安居樂業。

摩羯座的婚姻特點大體一致，但是性別不同還是有些差異，誰是摩羯男的誘惑星座？誰適合做摩羯男的終身伴侶呢？

魔羯男星座瓜葛 —— 假意真情

魔羯男 vs 巨蟹女 —— 假意

大部分時間都在嚴於律己的魔羯座其實內心還是蠻色的，只是礙於面子沒辦法將自己的本「色」暴露出來。但是男人靈魂深處總還是需要女人的溫柔來刺激。處於對宮的巨蟹座時常表現出羞怯與羞澀的美，很是讓魔羯座禁不住衝動。

魔羯男總是會以一些冠冕堂皇的理由接近巨蟹女，感性的巨蟹女很容易就被說服並上鉤，並且老實的巨蟹女對於魔羯男的事業一點影響也沒有，魔羯男便會勾引巨蟹女成為自己的情人。

摩羯男 vs 處女女 —— 真情

處女與魔羯的組合可謂一對名副其實的「同志愛人」。魔羯座通常工作與生活很難分家，即便休閒時也會關心時政民生、或參加一些高檔體面的社交活動，不會純粹而無目的地放鬆。而處女座便是為數不多的人選，對待生活也很嚴謹與認真。在生活中他們會經常交流工作，以取得互相的進步。社交活動時，處女女也很懂得怎樣可以讓先生更加體面，從穿戴到飲食，都照顧到周全，嚴格的魔羯男當然願意將戒指戴至處女女的無名指上。

摩羯女星座探祕 —— 增加魅力

堅忍不拔的摩羯女因其女人的天性，內斂的性格，讓人有低調、安靜的印象，但是她們身上具有的頑強毅力卻是其他星座女不可比擬的。

不同血型的摩羯女，都不以容貌炫耀，她們的內涵往往更豐富。

適合的相親對象：

1. 巨蟹座 巨蟹男的溫情會使摩羯女的性格開朗起來。

2. 處女座 和處女男將是理想和幸福的結合。

3. 金牛座 金牛男和摩羯男共同語言甚多，能建立一個安定和睦的家庭。

第四節　土象星座的 AB 型：穩重外表下的自我宇宙（金牛、處女、摩羯）

適合的相親裝扮：不能以漂亮取勝的魔羯女也不必著急，著以端莊的套裝表達穩重大方一面，而顏色則選擇俏麗的淺色系，穩重而不失天真。

適合的相親地點：中式餐廳是個不錯的選擇。魔羯女向來擅於廚藝，吃飯順帶聊聊美食，就算碰到不滿意的對方，也不致太過冷場。

貼心小叮嚀：一副腳踏實地而且獨立堅強的風格的魔羯女，在相親的時候記得向對立星座巨蟹座學學柔和和母性的表達方式，會更令人如沐春風。

性格氣質 ── 勤勉而有耐性

你大概見過山羊吧，牠們溫馴、小心翼翼、極有耐性，總是不疾不徐地拖著蹄走路，成群結隊地保護著彼此，AB 型摩羯座人正是具備這些特徵及特質的人。

AB 型摩羯座人的生活原則是踏實謹慎，寧可步步為營，繞幾個大圈抵達終點，以求得平安，不願貪小便宜抄近路，冒任何危險。靠自己的耐性及毅力走到最後一步，在沒有結束比賽之前，連大氣也不敢多喘一下。

因此，AB 型摩羯座人是個絕對可靠的人，無論處在任何困難的環境裡，永遠那麼慎重而且勤勉，擁有別人望塵莫及的毅力，只要擬定好目標，就不可能退縮或半途而廢。

或許我們可以說 AB 型魔羯座人就是千錘百鏈的精神意志擁有者。

在別人眼中的 AB 型摩羯座人，永遠帶著一副親切的笑臉，似乎和激動、輕浮這些個性上的缺陷絕緣。事實上，AB 型摩羯座人正是一個小心翼翼、不肯暴露任何缺點的理想人物，嚴肅古板是讓人感覺到的第一印象。

AB 型人天生缺乏安全感，害怕完全坦白的自己會受到別人無心的傷害。因此，便秉持著摩羯座賦予的謹慎嚴格的個性，將自己保護起來。有如披上堅固的盔甲一樣，直到完全確定對方是誠心誠意做朋友後，才會敞開心扉接納別人。

保護自己固然重要，千萬不可因為害怕無心的傷害而拒絕接受真摯的友誼，這是得不償失的做法。在此建議 AB 型摩羯座人，不妨多交一些朋友，以爽朗的性格面對朋友，讓他們知道自己是值得信賴、是忠實的，如此就不會變成孤僻的怪物。

金錢財運 —— 中年修得致富渠

少年努力型的 AB 型摩羯座人，由於運勢所致，比較沒有希望依靠遺產或橫財而致富，三十歲左右通常仍是白手起家的創業階段。

AB 型摩羯座人財運隨年齡的遞增，而增加有逐漸擴增

為大資本家的可能,至少都可以擁有一份傳給子孫的財富,至於中年之後仍一貧如洗的人,是很罕見的例子。

培養儲蓄習慣是成為富翁的第一步,有些人天生不擅理財,花錢如流水,想要存錢簡直比登天還難。這種麻煩並不存在 AB 型摩羯座人的身上,一夕致富的橫財雖不可得,卻可以靠細水長流的小錢累積自己的資本。

投機事業並不適合 AB 型摩羯座人,炒股票或期貨買賣這類風險大的事業也不合胃口。AB 型摩羯座人的個性,適合以萬無一失的方法,賺到真正屬於自己的錢,千萬不要不滿足於小本生意的經營範圍。

縱觀 AB 型摩羯座人的一生,早年雖較困窘,但以後漸入佳境,不必再為吃飯穿衣的小問題憂慮。

愛情心語 —— 馬拉松式的愛情

AB 型摩羯座人對待戀愛極其認真、極為平實,也極為細膩。由於向來拙於向意中人表達愛情,因此戀愛過程也是屬於「大器晚成」型。

AB 型摩羯座人的愛情,往往一開始是無形中產生的愛意,暗戀對方。謙虛成性的 AB 型摩羯座人,往往需要很長的時間才能認清存在自己心中的感覺是愛情,之後,又是很長的時間才能鼓起勇氣向對方表示。

這類穩定型的戀愛對象，多半來自平日熟悉的人，例如同學、同事等。不需講求客套及交往的技巧，逐漸由信任而互相依賴，譜出自由和諧的戀曲，至於含有很高的投機成份或是一見鍾情的大膽戀愛方式，AB型摩羯座人是毫無興趣的。

雙方交往一段時間之後，彼此的熟悉並不會使之間的關係變質，冷靜而不沉溺於激情，彼此擁有默契的最佳表現，永久的耐性則孕育日後堅貞的愛情花朵。

長跑型的愛情最耗費時光，在這段漫長的等待中，AB型摩羯座人是個經常使用「煞車」的人，道德感及社會上的習俗戒律使AB型摩羯座人始終保持柏拉圖式的純潔愛情，往往雙方在一時氣氛的撮合下，準備進行更進一步的感情信賴的交流時，AB型摩羯座人總是及時由盲目中清醒過來。

這樣的個性雖然不免帶來暫時的尷尬，但卻更能贏得對方的信賴及敬愛。經過艱辛的愛情長跑，最後終能享有甜蜜的愛情果實。

總而言之，AB型摩羯座人的愛情既符合一般人的想像和社會習俗，又能不失安定的感覺。雖然有些平凡，卻是渴求安靜的人所期望的。只要克服天生被動與消極的障礙，勇敢去愛，愛情必定有光明的未來。

第四節　土象星座的 AB 型：穩重外表下的自我宇宙（金牛、處女、摩羯）

婚姻家庭 —— 經濟保障的婚姻家庭

婚姻和家庭對 AB 型摩羯座人而言，絕對是極其看重的終身大事，AB 型摩羯座人的脾氣，是寧可不娶不嫁也不願草率盲目地結婚。但是，AB 型摩羯座人的選擇標準，除了愛情之外，還有許多因為認清現實而產生的條件。

比如說良好的經濟基礎，就是 AB 型摩羯座人經營婚姻的原則，因為充分體驗到婚姻的重要性，所以經濟保障被看作擇偶的首要條件。

AB 型摩羯座人不會一味追求所謂「大美女」或「帥哥型」的對象，大部分此星座的人，都相當重視對方和自己的相貌、學識、社會地位及職業相配的程度。

晚婚對 AB 型摩羯座人而言是件明智的選擇，為了選擇真正有內涵的伴侶，透過對愛情的長時間考驗，過三十歲後才結婚的不再少數。

偶爾 AB 型摩羯座人會和配偶大吵一架，說出生氣的話，或是出現情緒失控的行為。不過，通常能在事過境遷後與對方主動和好，有時甚至比吵架前更加恩愛。

因為激烈地爭吵而離婚的情形，對 AB 型摩羯座人而言是絕無僅有的事。因為，選擇伴侶是他們 25 歲到 30 歲間一直在做的事情，沒有草率而為，抱持著「寧缺勿濫」的原則選出的伴侶確實經得起風浪的考驗。「白頭偕老」則是最常見

的結局，這正是在婚前經過審慎選擇及正確判斷後的回報。其他血型星座的人真應該向 AB 型摩羯座人好好學習。

對子女，AB 型摩羯座人會用心督促，促使他們出人頭地，完成自己無法達成的願望。

男女有別・AB 型摩羯男 —— 行動仔細的責任男

AB 型摩羯男以沉著、心細為宗旨，摒棄冒險、衝動的作為。危險的近路不肯走，寧可繞道走安全的遠路，這就是 AB 型魔羯座男的一般傾向。

以努力、耐力支撐而小心行動的模式，這種類型的男性，多半是顧家而有責任感的好男友、好丈夫、好爸爸，把責任列為切身職責。為了達成這個目標，不惜犧牲任何自由幸福，完成身為男友和丈夫的義務。面對這麼優秀的男人，可愛的女士一定要勇敢地跳出來，把握自己的幸福人生！

另外，在和 AB 型摩羯男相處的過程中，應該知道這個類型的人也有謹慎過度的一面。所以不要對他們有太多苛求，尤其是不要把自己娘家和身邊姐妹之間的大小事情都讓他出面解決，時間長了，會讓他感到疲憊而發無名之火。

男女有別・AB 型摩羯女 —— 旺夫的賢內助

AB 型魔羯女在公開的場合中，戒備心是極強的，因此很難以為此集中注意力。甚至我們可以說，AB 型魔羯女十

分缺乏安全感,她們比別人更要求更加絕對的安全。

AB 型摩羯女同時還是個溫柔婉約,擅於理家的好妻子、好媽媽,可以使丈夫毫無後顧之憂,擅盡專職家庭主婦的責任。

她們也經常有把自己的期望寄託在別人身上的通病,婚姻之後成為標準的賢妻良母更無置疑,為丈夫的升遷和前途而操心,幫助他爭取更高的成就。可以這麼說,如果有這麼一位 AB 型摩羯女出現在身邊,男士可不要錯過這個賢內助啊!

事業成功 —— 堅定自己的信念和毅力求發展

由於 AB 型摩羯座人的個性屬於安定型,所以比較適合堅守工作職位,在穩定中求發展,再加上堅毅的本能,所以無論從事任何行業,都可以獲得不錯的成就,至少也能謀得中上級主管職位。

AB 型摩羯座人具有十足的自信,對自己的能力的也有極正確的估計,只要意志堅強,終有一日可以獲得證明自己能力的機會。

在做任何事情時,剛開始 AB 型摩羯座人或許沒法達到自己心目中的目標,例如在求學階段,成績大概只達到中上的程度,但這並不表示能力不如別人,因為 AB 型摩羯座人

是個馬拉松好手,而非短跑健將。

政治、經濟方面的工作最適合,這些工作都需要堅定的毅力、專門的學識,以及百折不撓的精神,加上 AB 型摩羯座人向來行事有條不紊,具有避免重大差錯的本領,從政從商均宜。

此外,不動產、土木營建、科學家、醫師等,也都是可以考慮的選擇,總之,堅持穩定的原則,不任意更換工作,必有飛黃騰達的一日。

星座達人點撥

對 AB 型摩羯座的忠告

人生有時必然嚴肅,但有時輕鬆一下又何妨呢?別過度保護自己,使別人誤解,喪失可貴的友誼,成為別人眼中孤僻的怪物!

雖有可能成為富豪,但不擅理財仍會一無所有,儲蓄致富是唯一的守財之道。

在愛情上雖有些笨拙,但絕對是個具有耐力的長跑選手,最後必能抵達終點。

過分考慮現實條件的結果,儘管可以擁有一個門當戶對的婚姻,但往往失去了愛情。

第四節　土象星座的 AB 型：
穩重外表下的自我宇宙（金牛、處女、摩羯）

　　要擴大交際範圍，吸收他人的優點，尤其以擴大自己的視野為最重要。不僅需要防守，攻擊力的訓練也不可或缺。

　　堅守工作職位，在穩定中求發展，只要發揮堅毅的本性，必能有所成就。

國家圖書館出版品預行編目資料

AB 型人 × 星座密碼，12 種特質全解析：從冷靜理性到感性狂野，探索 AB 型與十二星座交織出的愛情、事業與人生樣貌！/ 張祥斌 編著. -- 第一版. -- 臺北市：財經錢線文化事業有限公司，2025.07
面； 公分
POD 版
ISBN 978-626-408-301-0(平裝)
1.CST: 占星術 2.CST: 血型
292.22　　　　　　　　114008284

電子書購買

爽讀 APP

AB 型人 × 星座密碼，12 種特質全解析：從冷靜理性到感性狂野，探索 AB 型與十二星座交織出的愛情、事業與人生樣貌！

臉書

編　　著：張祥斌
發 行 人：黃振庭
出 版 者：財經錢線文化事業有限公司
發 行 者：崧燁文化事業有限公司
E - m a i l：sonbookservice@gmail.com
粉 絲 頁：https://www.facebook.com/sonbookss/
網　　址：https://sonbook.net/
地　　址：台北市中正區重慶南路一段 61 號 8 樓
8F., No.61, Sec. 1, Chongqing S. Rd., Zhongzheng Dist., Taipei City 100, Taiwan
電　　話：(02) 2370-3310　傳真：(02) 2388-1990
印　　刷：京峯數位服務有限公司
律師顧問：廣華律師事務所 張珮琦律師

-版權聲明-

本書版權為作者所有授權財經錢線文化事業有限公司獨家發行電子書及繁體書繁體字版。若有其他相關權利及授權需求請與本公司聯繫。
未經書面許可，不得複製、發行。

定　　價：299 元
發行日期：2025 年 07 月第一版
◎本書以 POD 印製

Design Assets from Freepik.com